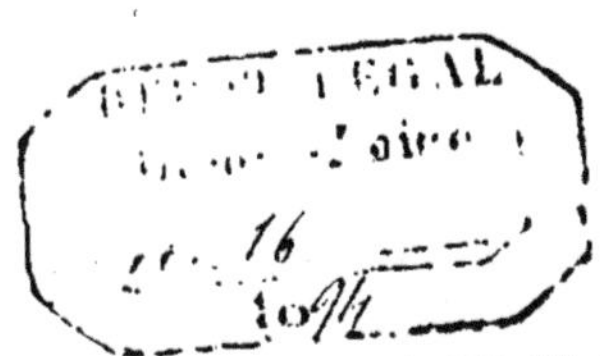

APPENDICES

DE

MES MÊMOIRES

PAR

AMÉDÉE ST-FERRÉOL

ANCIEN DÉPUTÉ

BRIOUDE 1893

IMPRIMERIE — D. CHOUVET

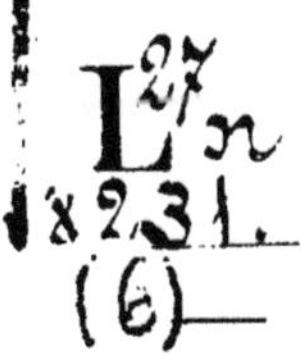

MES MÉMOIRES

APPENDICES

DE

MES MÉMOIRES

PAR

AMÉDÉE ST-FERRÉOL

ANCIEN DÉPUTÉ

BRIOUDE 1893

IMPRIMERIE — D. CHOUVET

COMPTE-RENDU

DE

MON MANDAT DE DÉPUTÉ

Je suis rentré dans les rangs de la démocratie, qui m'a si longtemps, si souvent, en me nommant son représentant au parlement, au conseil général, au conseil municipal, confié son drapeau de bataille et de victoire, et je n'aspire plus à l'honneur de représenter mes concitoyens à aucune assemblée élective du suffrage universel. Je pourrais donc me dispenser de rappeler la manière dont j'ai rempli pendant la dernière législature, le mandat que je tenais du suffrage universel.

On connaît mon attitude politique, ma ligne de conduite parlemenaire, par mes actes et mes votes, votes, qu'on a pu apprécier par le compte-rendu analytique des séances de la Chambre des députés, publié dans l'*Abeille Brivadoise* qui, comme la presse en général, donne une bien autre publicité, un bien plus grand retentissement à ce compte-rendu du mandataire à ses commettants, que des discours plus ou moins développés, plus ou moins sonores ou creux, prononcés dans des réunions publiques.

Dans celles-ci, malheureusement, quand ce n'est pas une poignée de brouillons ou de braillards qui font la loi à la majorité, troublant l'ordre, remplaçant la discussion par la violence et l'insulte, les partis et les diverses fractions du même parti ne savent pas encore faire usage de cette liberté de réunion réclamée dans tous les programmes des républicains démocrates et radicaux; ils s'échauffent, s'emportent, s'injurient de telle façon qu'ils semblent prêts à en venir aux mains plutôt qu'à chercher à s'éclairer, se convaincre, s'entendre. Nous en avons tous les jours des preuves à Brioude, comme partout.

J'ai voulu cependant, en détachant, des *Mémoires* que je publie, le chapitre relatif à ce que je puis appeller *ma vie parlementaire*, donner sans phrases le relevé de tous mes actes depuis 1885, afin que chacun puisse dire si je ne suis pas resté fidèle aux principes que j'ai toujours soutenus, au programme que j'avais signé, aux engagements que j'avais pris. Si je ne l'ai pas fait plus tôt c'est que, n'étant ni candidat, ni même membre d'aucun comité, et, n'ayant pas à m'occuper d'une élection pour laquelle le candidat lui-même et ses amis se sont donnés si peu de peine, j'ai voulu attendre que la période électorale fût close, pour que personne ne pût encore dire, insinuer, que c'était une réclame électorale que je faisais.

On verra en même temps ce qu'ont fait le parti radical, la Chambre même, pour le pays, pour la République. C'est la meilleure réponse que je puisse faire aux adversaires sans loyauté, sans bonne foi, sans conscience, qui me poursuivent de leurs calomnies, de leurs outrages, comme ils poursuivent sous des drapeaux différents, la République et les meilleurs républicains.

Proscrit du comp d'Etat et revenu d'exil après dix-huit ans, je crus devoir laisser à d'autres l'honneur et les privilèges de la députation. Je pensais en tous cas qu'en consacrant mes dernières années à mon pays natal, à ma famille, je pourrais servir utilement notre jeune République. Je n'avais donc voulu me mettre sur les rangs comme candidat, à aucune élection pour la Chambre des députés, bien que je fusse sollicité de le faire par d'anciens amis et d'anciens collègues. Lorsque le scrutin de liste fut rétabli, la candidature me fut proposée par cinq conseillers d'arrondissement, puis par le comité électoral de Brioude. Je refusai formellement, en faisant connaître les motifs de mon refus, qui furent trouvés suffisants. Et alors, travaillant avec ardeur à la formation d'une alliance républicaine, indispensable dans un département comme le nôtre, où la réaction balançait les forces de notre parti, je rédigeai et proposai au comité électoral de Brioude le programme suivant :

Programme électoral du comité de Brioude en 1885

Réforme de la Constitution dans un sens démocratique et par une assemblée constituante ;

Nomination du Sénat par le suffrage universel ;

Décentralisation laissant à la commune les franchises municipales qui ne portent pas atteinte à l'unité nationale ;

Suppression de l'inamovibilité de la magistrature ; extension du jury au correctionnel ; extension des attributions des juges de paix ; simplification de la procédure et réduction des frais ;

Réduction à trois ans du service militaire, égal et obligatoire pour tous ; suppression du volontariat d'un an ;

Point de politique d'aventures ni de conquête ;

Péréquation de l'impôt ; diminution et meilleure répartition des impôts qui pèsent davantage sur les besoins et le travail que sur la fortune ;

Diminution des gros traitements et des fonctions inutiles ;

Dégrèvement des charges qui pèsent sur l'agriculture ;

Création de caisses de retraites et de secours mutuels pour les travailleurs ;

Diminution des tarifs des marchandises et des voyageurs sur les chemins de fer ;

Séparation des Eglises et de l'Etat ; suppression des congrégations religieuses ;

Instruction publique complètement laïcisée ;

Expulsion des familles ayant régné en France.

Ce programme ne diffère guère, on le voit, de notre programme de 1848-1849, et est identique aux fameux programmes de Belleville dont Gambetta avait été un des signataires en 1869 et Clémenceau, le rédacteur en 1885.

Adopté par la réunion, ce programme fut accepté par Marsal, qui devait être attaqué, dénoncé plus tard comme un opportuniste, un tonkinois, et fut proclamé candidat, au scrutin secret, avec M. Jules Maigne, resté à Paris, bien que la session fût close, sous le prétexte qu'il ne reconnaissait pas au comité électoral de Brioude composé comme il l'était, le droit de désigner des candidats.

Par suite du refus de M. Jules Maigne, d'accepter la candidature à lui offerte par le comité central de l'alliance républicaine, comme par tous les comités d'arrondissement, pour mettre son nom à la tête d'une liste dite radicale, j'avais dû, dans l'intérêt du parti républicain, combler, en me laissant porter, le vide qu'il avait fait dans nos rangs, la veille de l'élection. Acclamé candidat, je déclarai avant le vote définitif, qu'en laissant à mes collègues, puisqu'il s'agissait d'une alliance républicaine pour vaincre l'ennemi commun, la liberté de leurs opinions, j'entendais garder la liberté des miennes, et que si j'étais nommé député, j'irais siéger sur les bancs de l'extrême-gauche, pour défendre et faire triompher, si je le pouvais, mon programme, qui était celui du comité électoral de Brioude. Ce que j'avais déclaré devoir, vouloir faire, je l'ai fait.

En réalité, je n'ai pas pris place, dans la salle des séances, au milieu de mes amis politiques, comme j'y étais à la Législative, au sommet de la *Montagne;* et ceux qui m'ont vu du haut des tribunes publiques ont pu dire que c'est sur les hauteurs du centre droit que j'ai siégé. C'est que pendant la Législative, la minorité républicaine était concentrée tout entière dans le côté gauche de la vaste salle dont les trois quarts étaient occupés par la droite, et que pendant la dernière législature, c'était la majorité républicaine qui avait envahi les trois quarts de la salle plus petite, où la minorité réactionnaire était refoulée au côté droit. Les députés qui, comme ceux de la Haute-Loire, avaient été élus au second tour de scrutin, n'avaient pas pu prendre les places qu'ils auraient voulu avoir. Par suite, je me trouvais voisiner avec les droitiers, comme une partie des députés du Cantal, de l'Ardèche, de la Meuse, des Deux-Sèvres, mes collègues Dupuy et Rumillet-Charretier, et Henri Rochefort, qui d'ailleurs ne vint jamais occuper son banc et donna bientôt sa démission. Cela ne m'empêchait pas de rester en communication de principes et de votes avec le groupe de l'extrême-gauche, dans lequel je me fis immédiatement inscrire.

Cette fraction de l'assemblée, qui a été, pendant que j'en faisais partie, présidée d'abord par Barodet, puis par Clémenceau, s'est modifiée durant les quatre ans où elle est restée constituée, par des morts, des démissions, des adjonctions, des exclusions; elle a toujours été aussi nombreuse qu'au début, même après que les boulangistes en ont été rayés. S'accordant sur toutes les questions de principe que, comme les autres groupes, elle discutait dans ses réunions, elle s'est rarement divisée sur les questions de tactique, de conduite parlementaire. Chaque membre conservait, après la décision même du groupe, la liberté de son vote.

Voici les noms des députés qui en ont fait partie :

MM. Achard, Barodet, Barré, Basly, Berger, Boullay, Bourneville, Brelay, Brialou, Brousse, Boyer Antide (d), Camélinat, Cantagrel (m), Ceccaldi, Chantagrel, Chevillon (e), Clémenceau, Cousset, Calvinhac, Clovis Hugues (d), Daumas (sénateur), Deandreis, Delattre, Desmons, Dreyfus, Ducoudray, Duguyot (d), Duportal (m), Dutailly (m), Forest, Franconie, Frébault, Gaillard (d), Galtier, Gaussorgues, Gilly (e), Granet, Hubbard, Hude (m), Hervieux, Labordère, Lacôte, de Lacretelle, Lacroix Sigismond, Lafont, Laguerre (e), Lamazière, Laporte (e), Lasbaysses, Lefèvre Ernest, Lesage, Leydet, Laisant (e), de Lanessan, Anatole de La Forge, Magnien, Maillard, Maret Henry, Mathé Félix, Mathé Henri, Ménard-Dorian, Michel, Michelin (e), Millerand, Pajot, Pally (m), Pelletan, Périllier, Périn, Peytral, Pichon, Planteau (d), Pressat, Préveraud, Prudon, Ranson, Raspail Benjamin, Raspail Camille, Rathier (m), Razimbaud, Révillon Tony, Roque de Fillol, Rochefort Henri (d), Roret, Rabier, St-Ferréol, St-Martin (e), Salis, Simyan, Susini (e), Théron (d), Turigny (e), Vergoin (e), Vernhes, Vernière, Vilar, Yves Guyot, Wickersheimer, Maurel (d).

Note. — Les lettres (m) (d) (e) indiquent ceux qui sont morts, ont donné leur démission pour une cause quelconque, ont été exclus comme boulangistes.

A la fin de 1885, le groupe ouvrier, composé de huit membres, Basly, Camélinat, Clovis Hugues, Prudon, Planteau, Antide Boyer, Hude, Numa Gilly, Brialou, devint le noyau d'un groupe socialiste, dont firent partie mes collègues radicaux Millerand, Laisant, Théron, Franconie, Féroul, Calvinhac, Daumas, Laguerre, Simyan, Susini, Gaillard (de Vaucluse), Cluseret (général de la Commune), et Félix Pyat. C'est au début de 1888, près d'un an avant que les boulangistes n'y parurent plus, ayant abandonné le socialisme pour leur brav' général, que je m'y étais fait inscrire.

En se constituant au sein même de la représentation nationale, était-il dit, dans le manifeste publié par lui, le groupe socialiste n'a pas pu évidemment se donner pour mission de faire accomplir par le parlement, la totalité des réformes sociales que la nation aurait le droit d'exiger, un siècle après la révolution et la déclaration des droits de l'homme et du citoyen. Il s'est proposé un but plus modeste. Poser enfin d'une façon sérieuse et sincère celles des questions sociales dont la légitimité semble aujourd'hui le moins contestable. Mettre sérieusement à l'étude celles de ces questions dont la réalisation semble immédiatement possible; en activer au parlement, si faire se peut, la solution, de façon à donner, d'abord une première satisfaction aux légitimes aspirations des déshérités de la société, à préparer ensuite les réformes plus larges que réclamerait le droit absolu : telle est la mission que s'est donnée le groupe socialiste.

Son programme est :

Liberté individuelle ; autonomie communale ;

Fédération internationale des peuples ;

Solution de tous différents entre nations comme entre individus, par l'arbitrage ;

Transformation dans la mesure des nécessités de la défense nationale, des armées permanentes en milices sédentaires, composées de tous les citoyens majeurs ;

Abolition de la peine de mort ; droit de punir limité au droit de défense sociale ;

Souveraineté du peuple, garantie par le suffrage universel organisé de façon à respecter le droit des minorités, mandat contractuel ; sanction des délibérations touchant la constitution par le vote populaire ; rétribution de toutes les fonctions électives et abolition du cumul ;

Emancipation progressive de la femme ; égalité de droits pour les enfants naturels comme pour ceux issus du mariage ;

Enseignement intégral (scientifique, professionnel et militaire) gratuit pour tous et à tous les degrés ;

Séparation des Eglises d'avec les administrations publiques, les lycées, collèges et établissements de bienfaisance, etc. ; suppression du budget des cultes et des congrégations religieuses ;

Liberté absolue de penser, parler, écrire, se réunir, s'associer, contracter, travailler ;

Transformation des monopoles en services publics, gérés par les corporations respectives, sous le contrôle de l'administration publique ;

Nationalisation progressive de la propriété, dont la jouissance individuelle soit accessible à tout travailleur ;

Réforme du système fiscal ; suppression des octrois des prestations et des contributions indirectes ; impôts progressifs sur les richesses personnelles et sur les successions ; abolition de l'héritage en ligne collatérale ;

Etablissements publics de bienfaisance, crèches, écoles, caisses de retraites, et contre les accidents, etc., à la charge de la société.

Il est expliqué dans le manifeste que par *nationalisation de la propriété,* ce n'est pas le collectivisme ou communisme qui est regardé comme l'idéal ; c'est le retour à la société, en cas d'hérédité collatérale, des instruments de travail, à charge par celle-ci de les attribuer, sans aliénation définitive et aux conditions les moins onéreuses, aux plus aptes à s'en servir par et pour eux-mêmes moyennant les charges ci-dessus indiquées. Il ne s'agit donc pas de déposséder ceux qui détiennent actuellement des instruments de travail suffisant à leur activité personnelle ou à celle de leurs héritiers directs, et les font valoir par eux-mêmes et pour eux ; mais au contraire, d'en déposséder progressivement et légalement, pour les attribuer à d'autres, ceux qui les détiennent, sans pouvoir ou savoir en user autrement que pour opprimer le travailleur et se faire des rentes de son pénible et douloureux labeur.

Pour que les travailleurs puissent tirer le plus grand parti de leurs travaux et être à la hauteur de leur tâche, il faut que l'enseignement intégral, scientifique et professionnel, soit gratuit pour tous à tous les degrés. Mais il serait impossible, dans la société organisée comme elle l'est, de trouver les ressources nécessaires pour subvenir à la dépense de cet enseignement gratuit pour tous. C'est en ouvrant par le concours aux enfants des classes laborieuses, peu aisées, toutes les carrières, par l'enseignement intégral de tous genres, à tous les degrés, donné gratuitement aux élèves reconnus ainsi les plus capables d'en profiter, qu'on doit, qu'on peut commencer la réalisation de cette réforme d'égalité absolue.

Que maintenant, avec ces programmes que j'ai signés après 1885, on relise ceux que j'ai proposés, adoptés pendant la République de février, mon livre des *Proscrits,* écrit dans l'exil pendant le règne de Louis-Napoléon, les articles que j'ai publiés dans *l'Abeille Brivadoise*, on verra si dans ma carrière politique j'ai, en théorie, reculé, resté stationnaire, ou avancé sans dévier de la ligne droite qui mène au progrès.

Dans la pratique, ai-je, comme représentant, député ou mandataire du peuple aux assemblées électives, conformé mes actes à mes principes, demandé, soutenu de mon vote, dans la mesure du possible, les réformes contenues dans mes programmes, mes professions de foi? C'est ce que répondent pour moi les propositions ou projets de loi que mes amis politiques et moi avons proposés, signés ou votés. La seule proposition de loi, qu'usant de mon initiative de député, j'ai déposée sur le bureau de la Chambre, et qui, envoyée à une commission, a été l'objet d'un rapport sommaire resté à l'état de lettre morte, par suite de la clôture de la législature, était un premier pas, mais un pas décisif, dans la voie des réformes que renfermait notre programme socialiste.

La voilà, avec l'exposé des motifs :

Le morcellement de la propriété, d'une part, son agglomération incessante, de l'autre, dans les mêmes mains, ont des conséquences économiques, politiques, sociales, dont les travailleurs, les producteurs et l'Etat ont également à souffrir : tout le monde le reconnaît.

C'est surtout par la transmission des successions que ces résultats sont produits.

Il paraît donc naturel, logique, légitime, pour y remédier, de n'accorder le droit de succéder qu'aux parents assez proches pour être considérés comme composant la *famille*, à notre époque, en tenant compte des mœurs, des habitudes, des intérêts, des affections, et de donner à l'Etat, représentant la société, les biens de ceux qui meurent intestats ou sans héritiers légaux.

Ces biens serviraient alors à constituer, progressivement, sans porter atteinte à aucun droit, à aucun intérêt légitime, à côté de la propriété individuelle se formant par le travail l'industrie ou l'hérédité, une propriété nationale dont serait mis en possession, à un titre quelconque, tout travailleur prenant l'engagement de la faire valoir par lui-même ou sa famille.

En accroissant considérablement, dans un temps plus ou moins long, les ressources financières du pays ; augmentant, au moyen de la culture intensive, du perfectionnement de l'outillage, de la division du travail, les produits nets de l'agriculture et de l'industrie, de manière à ce qu'ells puissent soutenir la concurrence étrangère, sans droits protecteurs qui renchérissent les objets de première nécessité, on parviendrait ainsi à assurer à chacun le moyen de vivre en travaillant et d'avoir des secours contre la maladie, les chômages, et une retraite pour la vieillesse.

C'est pour atteindre ce but que nous soumettons à la Chambre, en demandant le renvoi à la Commission chargée d'examiner les propositions de loi de MM. Barodet, Sabatier et autres députés, la proposition suivante :

PROPOSITION DE LOI

Article 1er. — Les parents au-delà du quatrième degré ne succèdent pas.

Art. 2. — Les enfants naturels reconnus ont, dans les successions, les mêmes droits que les enfants légitimes.

Art. 3. — Si le défunt ne laisse pas de parents au degré successible, les biens de sa succession appartiennent au conjoint non divorcé qui lui survit.

Le conjoint survivant qui ne succède pas à la pleine propriété, a sur les biens du prédécédé un droit d'usufruit dont le nombre et la qualité des héritiers détermineront la quotité.

Art. 4. — Le cinquième de la succession de ceux qui, n'ayant pas d'héritiers à réserve légale, testent en faveur d'étrangers ou de parents n'étant pas au degré successible, est attribué à l'Etat.

Art. 5.—Les propriétés tombées en déshérence, en vertu de la présente loi, deviennent propriétés nationales ; elles seront imprescriptibles, et ne pourront être aliénées que sur l'avis conforme du Conseil municipal où elles sont situées, si elles ne peuvent être utilement affermées ou louées.

Art. 6. — Ces propriétés, de quelque nature qu'elles soient, maisons, mines, usines, fabriques, etc., seront données à bail, à tout travailleur qui offrira les garanties suffisantes, et, autant que possible, réparties de manière à ce que les fermiers ou locataires soient mis en possession de l'espace de terrain, — bâti ou non bâti, — que, par eux et leur famille, ils pourront exploiter ou occuper pour leur usage ou leur industrie.

Art. 7. — Les propriétés dont la mise en valeur, la possession ou la jouissance exigent un plus ou moins grand nombre de bras ou de capitaux, seront réservées aux associations agricoles ou ouvrières.

Art. 8.—Les baux seront consentis sous la réserve d'une redevance annuelle, calculée sur le prix moyen des baux authentiques de la commune, s'il y a des propriétés similaires, ou, à défaut, de ceux des localités voisines ; cette redevance pourra être inférieure à ce prix et même plus ou moins réduite, en certaines circonstances et pour certaines propriétés ou entreprises, comme les mines, les défrichements, etc. Dans ce cas, le Conseil municipal devra être appelé à donner préalablement son avis.

Art. 9. — Les baux seront soumis aux conditions des baux ordinaires, sauf les modifications suivantes :

1° Leur durée ne pourra, pour les terres, être moindre de neuf ans ; ils pourront, pour les propriétés bâties et celles qui sont d'une exploitation facile ou spéciale, être de trois, six, neuf ans.

2° Ils seront passés par le contrôleur des contributions directes ou son délégué, assisté de deux membres du Conseil municipal de la commune où sont les propriétés.

3° L'impôt, qui, progressivement, diminuera le montant de la redevance ou sera lui-même réduit par l'augmentation des recettes, sera payé par les fermiers ou locataires.

4° Il sera prélevé sur le montant de la redevance, un dixième qui sera versé dans une caisse de retraite et de secours administrée par l'Etat et dont les fermiers ou locataires, dans les cas prévus, toucheront seuls les fonds.

5° Les fermiers ou locataires auront la liberté de céder leur lieu et place et de s'associer à d'autres travailleurs faisant également valoir les propriétés par eux-mêmes et offrant les mêmes garanties.

Art. 10. — Les baux seront résiliés de plein droit : 1° en cas de force majeure ; 2° par la mort des fermiers ou locataires, si leurs héritiers le demandent ; 3° lorsque les fermiers ou locataires ne remplissent pas les conditions qui leur sont imposées et qu'ils ont acceptées, ou ne payent pas la redevance qu'ils doivent.

Art. 11. — Pour quelque motif que le bail cesse, les fermiers ou locataires toucheront le montant de la plus-value des améliorations ou embellissements qu'ils ont faits à la propriété qui leur avait été donnée à bail.

Art. 12. — La résiliation ou cessation du bail laisse subsister le droit éventuel acquis aux fermiers ou locataires, à raison du versement du dixième de leur redevance annuelle dans la caisse de retraite et de secours, redevance sur laquelle il ne pourra être fait ni retenues, ni saisies, que pour le recouvrement du loyer et de l'impôt.

Art. 13. — Toutes contestations relatives aux baux seront jugées par les juges de paix.

Art. 14. — Les revenus des valeurs mobilières et les prix de vente des biens meubles, qui ne peuvent être donnés à bail, seront, comme les redevances, versés dans les caisses du Trésor pour accroître les recettes du budget.

C'est à des collègues de l'extrême-gauche que j'ai soumis deux autres propositions de loi ou résolutions ayant pour but, la première, de rendre possible la revision des lois constitutionnelles; la seconde, d'empêcher les chefs de complot et d'attentat contre la République, de rentrer en France à l'expiration même de leur peine.

La revision, par une constituante, des institutions constitutionnelles, est facile à demander, peut même être votée par la Chambre des députés; mais la constitution que les radicaux veulent reviser dans le sens démocratique et républicain, en supprimant tout d'abord le Sénat, ou lui enlevant celles de ses attributions qui en font la Chambre haute, ne peut l'être que par un congrès. Or, ce congrès, composé de la Chambre des députés et du Sénat, ne se réunit qu'après que les deux Chambres ont séparément décidé, à la majorité de leurs membres, la réunion en congrès et les articles précis, limités, qui devront être révisés. Les pères conscrits de la Chambre haute ne consentiront jamais à se suicider de gaîté de cœur ou par persuasion, en se jetant, comme Curtius, dans le gouffre où les députés, étant deux fois plus nombreux, les mettraient à la portion congrue, s'ils ne les jugulaient pas.

Dès lors, on ne voit pas comment il est possible de reviser la constitution malgré la constitution, si on n'a pas recours à un coup d'Etat parlementaire ou à un coup de main populaire. Ce qu'on peut espérer c'est, par la pression du corps électoral, de déterminer le Sénat à modifier l'article de la constitution qui réserve au congrès qu'elle a créé, le droit de revision, en transmettant ce droit à une constituante dont l'arrêt souverain ne peut être connu d'avance. C'est donc par ces considérations que j'avais rédigé ce projet de résolution, qu'à cause des circonstances, à la fin de la session, en pleine crise boulangiste, je n'ai pu porter à la tribune :

La Chambre, désirant que la constitution soit revisée par une assemblée constituante, est d'avis qu'il y a lieu de réunir le congrès, pour que, révisant l'article de la constitution qui lui donne le droit de faire seul la revision de la constitution, il transmette ce droit à une assemblée constituante dont le nombre des membres, l'époque de la convocation, le lieu des séances seront déterminés par lui.

Au moment où le courant boulangiste dans toute sa force, semblait emporter la République dans les abîmes de quelque bas empire, il fallait à des dangers exceptionnels des mesures exceptionnelles ; et en même temps que j'étais prêt à donner au gouvernement les armes révolutionnaires dont il aurait besoin pour défendre et sauver la République, je voulais, avec mes amis, endiguer, ralentir par des réformes promises depuis si longtemps à la démocratie, le torrent grossi par le mécontentement d'un peuple trop enclin à demander à un César, à un maître le remède à ses maux, comme si en se ruant dans la servitude il pouvait devenir plus libre, plus heureux.

Seulement, je savais qu'il n'y a que les morts qui

ne reviennent pas; que la proscription, l'exil, la transportation, quand ces peines ne sont pas éternelles, popularisent, grandissent trop souvent ceux qui les ont subies pour une cause politique, et que les ambitieux qui aspirent au pouvoir, ne renonceront jamais à poursuivre, *per fas et nefas*, en déchaînant, s'ils le croient nécessaire, la guerre civile comme la guerre étrangère, le but de leurs convoitises, de leur ambition, que ce soit un trône, une dictature, une présidence héréditaire ou à vie, une souveraineté quelconque qui les mette au-dessus de tous et de tout.

Les Bourbons rentrant en France dans les fourgons des Cosaques, Louis-Napoléon revenant en triomphateur de l'exil, après Strasbourg et Boulogne, les d'Orléans conspirant contre la République, qui leur avait ouvert les portes de la France et donné quarante millions, nous l'ont appris. Voilà pourquoi j'aurais déposé la proposition de loi qui suit, si la condamnation par contumace seulement du général Boulanger ne lui avait pas enlevé toute chance d'être adoptée :

PROPOSITION DE LOI

Les simples citoyens, convaincus d'être les chefs d'un complot ou d'un attentat ayant pour but de renverser la République au profit d'un ou de plusieurs hommes, sont des prétendants et doivent être traités comme tels.

En conséquence, les députés soussignés ont l'honneur de présenter à la Chambre la proposition de loi suivante :

Article 1er. — Tous citoyens, reconnus par arrêt de justice être les chefs d'un complot ou d'un attentat de nature à porter atteinte à la souveraineté populaire, en rem-

plaçant le gouvernement républicain par le gouvernement personnel, quel qu'en soit le nom ou la forme, seront assimilés aux membres des familles ayant régné en France.

Art. 2. — Ils pourront, à l'expiration de leur peine, être expulsés du territoire français, par un décret du président de la République, rendu en conseil des ministres, et, s'ils y rentrent sans autorisation, ils seront transportés et internés dans une de nos colonies.

Il ne me reste plus qu'à donner le relevé, pris dans l'*Officiel*, de mes votes publiés pendant toute la durée de la dernière législature, en y ajoutant ceux au scrutin secret, pour des élections par exemple, dont j'accepte également la responsabilité.

Le congrès réuni à Versailles a eu à donner, dans ces quatre ans, deux présidents à la République, Jules Grévy et Carnot. En 1885, j'ai voté pour Jules Grévy, qui n'avait pas de concurrent sérieux ; Brisson, qu'un groupe de la gauche portait, n'avait obtenu que 69 voix. Il avait alors l'estime, les sympathies de la grande majorité du parti républicain. En 1885, j'ai voté dans la réunion des députés, comme les gauches avancées, au Palais-Bourbon, pour Floquet ; dans l'assemblée plénière de toutes les gauches à Versailles, puis au premier tour de scrutin, au congrès, pour M. de Freycinet, en faveur duquel s'était désisté M. Floquet, à qui M. Brisson n'avait pas voulu donner ses voix ; j'ai voté au second tour pour M. Carnot, qui avait eu le moins de voix de tous, mais qui, à cause de l'opposition irréductible faite par le Sénat à M. de Freycinet, était le seul qui pouvait empêcher, en réunissant toutes les voix républicaines, Jules Ferry d'être élu avec le concours possible des voix de la droite, qui avait porté sans son consentement le général Saussier.

A la Chambre des députés, j'ai toujours porté à la présidence Floquet, puis, lorsque celui-ci a été ministre, j'ai voté pour Clémenceau contre M. Méline.

J'ai vu naître ou disparaître six ministères, qui, pour des causes différentes ont été renversés par un vote de défiance. Ce sont :

1° Ministère Brisson : président du conseil et ministre de la justice, Brisson ; finances, Sadi Carnot ; affaires étrangères, de Freycinet ; travaux publics, Demole ; guerre, général Campenon ; intérieur, Allain-Targé ; marine, amiral Galiber ; instruction publique, Goblet ; commerce, Pierre Legrand ; agriculture, Hervé Mangon. Les deux derniers furent remplacés ensuite par MM. Dautresme et Gomot.

Ce ministère, qui dans les élections de 1885 avait contribué au succès de la réaction, en recommandant aux fonctionnaires une neutralité qui paralisait même leurs droits de citoyens, avait, selon l'usage, donné sa démission après l'élévation de Jules Grévy à la présidence de la République. Cette démission ne fut pas acceptée, mais le ministère se retira parce que le crédit de 79 millions qu'il avait demandé pour le Tonkin, en réclamant un vote de confiance, ne lui avait été accordé qu'à une voix de majorité, voix qui fut contestée le lendemain. J'ai voté contre le crédit, par conséquent contre le ministère.

2° Ministère de Freycinet : présid. du cons. et aff. étr., de Freycinet ; fin., Sadi Carnot ; inst. pub., Goblet ; agric., Develle ; justice, Demole ; guerre, gén. Boulanger : marine, amiral Aube ; trav. pub.,

Baihaut; postes, Granet; comm., Lockroy; intér. Sarrien. Ce ministère donna sa démission, parce qu'ayant fait une question de cabinet du vote des crédits demandés pour le maintien des sous-préfectures, il fut mis en minorité. J'ai voté contre le crédit, par conséquent contre ce ministère, dans lequel se trouvaient trois radicaux et le général Boulanger.

3° Ministère Rouvier : président du cons. et fin., Rouvier; int. cultes, Fallières; inst. pub., Spuller; just., Mazeau; guerre, gén. Ferron; mar., Barbey; affaires étr., Flourens; comm. Dautresme; agric., Barbe; travaux pub., de Hérédia. Il tomba avec Grévy. J'avais voté pour Carnot, donc contre lui.

4° Ministère Tirard : présid. du cons. et fin., Tirard; justice, Fallières; aff. étr., Flourens; int., Sarrien; guerre, gén. Logerot; mar., de Mahy; inst. pub., Faye; trav. pub., Loubet; agric., Viette; comm., Dautresme.

Ce ministère fut renversé par une majorité composée de radicaux, de réactionnaires et de boulangistes, qui, malgré son opposition, déclara l'urgence de la discussion d'une proposition de revision de la constitution. J'ai voté pour l'urgence, c'est-à-dire contre le ministère.

5° Ministère Floquet : présid. du cons. et int., Floquet; guerre, de Freycinet; marine, amiral Krantz; fin., Peytral; aff. étr., Goblet; inst. pub., Lockroy; agric., Viette; trav. pub., Deluns-Montaud; comm., Pierre Legrand; justice, Ferrouillat, remplacé huit jours avant la chute du cabinet par Guyot-Dessaigne.

Ce ministère, presque en totalité radical, qui dans son programme avait compris la revision de la constitution, la réforme de l'impôt, la suppression de l'impôt sur les boissons, fut renversé par une majorité composée d'opportunistes, de réactionnaires et de boulangistes, qui repoussa le projet de revision de la constitution qu'il avait présenté. J'ai voté pour le projet de revision, par conséquent pour le ministère.

6° Ministère Tirard (on dit alors *retirard*) : présid. du cons. et comm., Tirard ; just., Thevenet; intér., Constans ; guerre, de Freycinet ; marine, amiral Jaurès; finances, Rouvier ; inst. pub., Fallières; agric., Faye; trav. pub., Yves Guyot.

Ce ministère, où il y avait un seul radical, Yves Guyot à qui était donné un portefeuille sans importance politique, ressemblait à une doublure d'un cabinet Ferry, et par sa composition s'annonçait comme un ministère de combat. Cependant il se donna à son avènement comme un ministère d'affaires, d'attente, déclarant dans son premier manifeste officiel, que sa mission était de faire voter le budget de 1890 et d'assurer par une politique large, tolérante et sage, le succès de l'exposition. L'extrême-gauche déclara alors qu'elle était hostile au nouveau ministère, ne lui ferait aucune concession, mais ne lui créerait pas d'embarras, s'il marchait droit, dans la voie quelque étroite qu'elle fût, qu'il avait annoncé devoir suivre. En même temps elle adressait aux républicains, par la voie de la presse, le manifeste suivant, que j'ai signé comme la déclaration précédente :

Citoyens,

Dans la séance du 14 février 1889, 228 députés républicains fidèles à la politique d'action et de réforme, ont voté la revision de la constitution de 1875. 122 députés républicains, partisans du *statu quo* ont, voté contre la revision. Les 122 l'ont emporté sur les 228. Ils l'ont emporté grâce aux votes coalisés de la droite et du groupe dont le général Boulanger est le chef. Le général Boulanger, qui avait fait de la revision son unique programme, et qui avait lui même déposé un projet soumis à la discussion, n'a pas hésité à se prononcer contre la discussion de son propre projet.....

. . . .

La République, tous les républicains veulent serrer les rangs pour la défendre ; mais les uns croient pouvoir conjurer le péril en ajournant toutes les réformes, les autres, et nous sommes de ceux-là, persistent à penser que le salut de la République est dans les évolutions sociales et politiques qui seules organiseront la démocratie.

Citoyens, choisissez ; avec les fauteurs de dictature, tous les périls, toutes les catastrophes ; avec le maintien du *statu quo,* continuation du désordre et de l'impuissance ; avec la politique d'action et de réformes, la République, c'est-à-dire toute la justice, toute la liberté.

Pendant la session, j'ai voté tantôt pour, tantôt contre ce ministère, à qui les républicains avaient accordé la trève des exposants, et qui, du reste, voulant rester au pouvoir jusqu'à la fin de la législature, n'a jamais demandé un vote de confiance, se contentant de vivre. Dans les derniers temps, en présence des menées plébiscitaires, césariennes, du général Boulanger, aspirant à la dictature par le renversement de la République, avec l'alliance de la droite qui voulait se servir de lui comme d'une catapulte, d'un bélier, pour enfoncer la gueuse, j'ai accordé au cabinet, pour enrayer le torrent qui semblait entraîner la France à la servitude, les mesures exceptionnelles mais strictement nécessaires qu'ils réclamaient. Toutefois, je n'ai voulu faire aucune concession de principes, le péril n'étant pas assez grand pour que les hommes de principes pussent dire : le salut du peuple est la suprême loi.

Cette instabilité ministérielle, que les monarchistes reprochent si bruyamment au parlementarisme, ou pour mieux dire au gouvernement constitutionnel qui ne fait pas du reste en France une consommation plus grande de ministres que la royauté ou l'empire, n'est justifiée en rien par l'esprit des institutions républicaines ou du gouvernement représentatif. Il est de principe, en théorie, en droit public et en législation moderne, que les pouvoirs exécutifs et législatifs ayant des attributions différentes, doivent être indépendants l'un de l'autre; le pouvoir législatif fait la loi, le pouvoir exécutif la fait exécuter. Les ministres ayant, comme les députés, l'initiative de la proposition de projets de loi, ont le droit incontestable de présenter, de défendre leurs projets; et comme ils ont en mains tous les documents nécessaires pour faire triompher leurs opinions, sans compter l'influence qu'ils possèdent, les moyens d'action, de persuasion que donne le pouvoir, ils ont les plus grandes chances de faire triompher leur opinion. Mais lorsque la Chambre rejette leur projet pour en substituer un autre qui doit devenir la loi, ils doivent se soumettre; puis, quand la loi est votée, la faire exécuter.

Lorsque pour imposer leur volonté, ils posent une question de cabinet, demandent un vote de confiance, ils forcent la Chambre, ou à renverser le ministère, ou à accepter une loi qu'elle trouve mauvaise. Dans ce cas, ceux-là mêmes qui les appuient ordinairement et sont en communauté de sentiments, de principes, avec eux, peuvent leur accorder un ordre du jour de confiance, quand il s'agit de questions indifférentes ou peu importantes. Mais lorsque les principes sont en jeu, que les réformes repoussées par le gouvernement sont de celles qu'on doit soutenir, les amis du ministère doivent voter contre lui, advienne que pourra, disant *amicus plato sed magis virtus amica.* C'est pour cette raison que nous avons maintenu par notre vote, et nous ne nous en repentons pas, la suppression des sous-préfectures, vote qui a renversé un cabinet qui nous était sympathique, et qui d'ailleurs, en sacrifiant le ministre de l'intérieur, aurait pu rester honorablement au pouvoir.

D'autre part, j'ai constamment appuyé et même voté les propositions les plus radicales, celles que j'avais formulées dans mon programme ; mais quand elles ont été repoussées, soit par la majorité de la Chambre, soit par le Sénat, je me suis rallié à celles qui s'en rapprochaient le plus, n'étant pas de ceux qui disent tout ou rien. J'ai voté contre les projets de loi seuls qui me paraissaient une atteinte formelle aux principes ou aux intérêts de la démocratie.

A la Chambre, j'ai voté :

Politique générale

(P)* Expulsion des membres des familles ayant régné en France ; proposition de l'extrême-gauche combattue par M. de Freycinet. (r)

(P) Ordre du jour Lanessan : « La Chambre, confiante dans l'énergie et la vigilance du gouvernement, et assuré qu'il prendra contre les familles qui ont régné sur la France les mesures nécessitées par l'intérêt supérieur de la République, passe à l'ordre du jour. (a)

* La lettre (P) signifie pour, (C) contre, (Ab) abstention, (a) adopté, (r) rejeté.

(P) Projet présenté par M. de Freycinet, à la suite de la réception royale faite à l'hôtel Galliera par le comte de Paris : « Le territoire de la République est interdit aux chefs des familles ayant régné en France et à leurs héritiers directs dans l'ordre de progéniture ; le gouvernement est autorisé à interdire le territoire de la République aux autres membres de ces familles par un décret du président de la République. » (a)

(P) Protestation contre l'autorisation donnée au duc d'Aumale de rentrer en France. (r)

(P) Pensions attribuées à titre de récompenses nationales aux survivants des blessés de Février. (a)

(P) Maintien de l'indemnité accordée aux victimes du coup d'Etat. (a)

(P) Suppression des sous-préfectures, combattue par le ministère Freycinet (a), puis, revenue du Sénat. (r)

(P) Suppression des sous-secrétaires d'Etat. (r)

(P) Invalidation de vingt élections de députés réactionnaires, viciées par la fraude, la corruption, l'ingérance du clergé. (a)

(P) Simplification de la procédure du divorce. (a)

(P) Augmentation du nombre des conseillers généraux, devant être au nombre de deux dans les cantons ayant plus de 20,000 habitants. (a)

(P) Organisation de l'instruction primaire. (a)

(P) Augmentation des traitements des instituteurs et institutrices des écoles primaires. (a)

(P) Exonération pour les communes du cinquième de leurs recettes brutes qu'elles avaient à fournir pour parfaire ce traitement, ce qui donnera à la ville de Brioude un bénéfice de 3 à 4,000 francs. (a)

(C) Maintien de la censure théatrale. (a)

(P) Prise en considération de la proposition de

loi restreignant le droit successoral des collatéraux. (a)

(P) Droits électoraux rendus aux soldats sous les drapeaux. (r)

(P) Attribution aux enfants naturels des mêmes droits qu'aux enfants légitimes, dans les successions comme pour le service militaire. (a)

(P) Urgence sur la discussion des élections des sénateurs par le suffrage universel. (r)

(Ab) Procédure à suivre devant le Sénat pour juger toute personne accusée d'attentat contre la sûreté publique. (Après déclaration des membres de l'extrême-gauche faisant connaître leurs motifs d'abstention.) (a)

(P) Rétablissement du scrutin uninominal ou d'arrondissement, qui rend impossible le vote plébiscitaire et donne à l'arrondissement de Brioude comme à tous, l'indépendance politique qui lui permet de se faire représenter par un député de son choix. (a)

(P) Dépôt dans l'urne par l'électeur d'un bulletin sous enveloppe, garantie de la liberté du suffrage. (a)

(P) Déduction des dettes dans l'actif des successions pour les droits d'enregistrement. (ajourné)

(P) Protection des enfants mineurs maltraités ou moralement abandonnés, en enlevant la puissance paternelle aux pères qui en méconnaissent les devoirs. (a)

(P) Modification du contrat de louage dans un sens favorable au preneur. (a)

(P) Imputation de la détention préventive sur la durée des peines pénales. (a)

(P) Extension de la compétence des juges de paix. (a).

(P) Arbitrage international. (a)

(P) Translation au Panthéon des cendres de Carnot, Marceau, Latour-d'Auvergne et Baudin. (a)

(P) Restitution à certaines catégories de condamnés de leurs droits de vote et d'éligibilité après l'expiration de leur peine. (a)

(P) Droit d'électorat conféré aux femmes pour l'élection des juges des tribunaux de commerce. (a)

(P) Réforme du code de procédure renvoyée à une commission spéciale, tendant principalement à rendre la justice gratuite ou en diminuer considérablement les frais, supprimer l'instruction secrète, modifier le mode de nomination des magistrats. (a)

(P) Mise en accusation du ministère Ferry pour avoir engagé la France dans l'expédition du Tonkin sans autorisation des Chambres. (r)

(P) Revision de la constitution dans un sens républicain par une ssemblée constituante avec ratification par le peuple. (Proposition de l'extrême-gauche.) (r)

(P) Revision des institutions républicaines par le congrès. (Proposition de la gauche radicale.) (r)

(P) Revision partielle de la constitution par le congrès, appelé surtout à supprimer quelques-unes des prérogatives du Sénat. (Projet Floquet.) (r)

(P) Remboursement à l'Etat par M. Caillaux, ancien ministre de l'ordre moral, d'une somme de 30,000 fr. dépensée sans crédit voté. (a)

(P) Amniste pour tous les condamnés de crimes et délits politiques ou de droit commun connexes à ces crimes et délits, comprenant : Louise Michel, arrêtée à la tête d'une manifestation où quelques boutiques de boulangers avaient été dévastées; le prince Kropotkine, accusé d'avoir par la voie de la presse excité au renversement de la société ; Berezowski, déporté depuis vingt ans, pour avoir tiré à Paris sur l'empereur de Russie assis dans une voiture à côté de Louis Napoléon ; les chefs arabes retenus depuis presque aussi longtemps dans la Nouvelle-Calédonie, pour avoir commis des crimes de droit commun en cherchant à soulever leurs tribus contre la France ; Cyvoct, condamné comme coupable par excitation de l'explosion d'une bombe dans un café de Lyon, où il n'était pas. (Proposition Rochefort.) (r)

(P) Amnistie générale demandée de nouveau par les radicaux, pour l'anniversaire du centenaire. (r)

(P) Amnistie partielle pour les délits de presse, de réunion, d'association, de fraude dans la vente des comestibles et boissons, de grèves, de désertion, revenue ainsi gravement modifiée du Sénat, qui avait refusé d'étendre l'amnistie aux condamnés pour crimes de droit commun connexes à la politique, et pour délit de diffamation par la voie de la presse. (a)

(P) Contribution de la mobilière et des portes et fenêtres imposée aux appartements non loués pour lesquels les droits sont payés avec les fonds de non valeur, c'est-à-dire par tous, alors que le prix des loyers augmente sans raison légitime. (a)

(P) Grandes commissions parlementaires substituées aux commissions de bureaux. (r)

(C) Le boulangisme, un des incidents les plus graves de cette législature. (a)

Je dois m'y arrêter plus spécialement.

Boulangisme

Ne connaissant d'ailleurs en aucune façon ses

antécédents, ne soupçonnant pas ses dessins ambitieux, j'avais donné ma confiance au général Boulanger, comme à ses collègues radicaux du cabinet Freycinet, parce qu'il était violemment attaqué par la droite, lui reprochant d'avoir contribué à l'exil des princes d'Orléans, à qui, disait-elle, il devait son avancement. On reconnaissait généralement alors dans le parti républicain, qu'il avait relevé le moral de l'armée, par ses déclarations retentissantes, l'activité qu'il semblait déployer dans son ministère, la volonté manifestée par lui de faire aboutir promptement la loi rendant obligatoire le service militaire réduit à trois ans, et on ne se doutait pas que s'il avait retiré cette loi du Sénat, en laissant entendre qu'elle y serait enterrée, pour la soumettre à la Chambre des députés, c'était afin en réalité d'y attacher son nom ; ce qui n'a eu d'autre résultat que de la faire ajourner et probablement amender déplorablement. Malgré tout cela, je n'en avais pas moins voté contre lui et le cabinet dont il faisait partie, dans les circonstances que j'ai expliquées.

Plus tard, en désapprouvant ses manquements comme général et chef de corps d'armée, à la discipline, dont j'ignorais d'ailleurs les exigences, j'ai trouvé exagéré, impolitique sa mise en disponibilité et surtout sa radiation des cadres de l'armée.

Mais lorsque, démasquant ses batteries, ce général de café-concert, comme il a été si bien appelé, s'est posé en César, voulant faire plébisciter sur son nom, s'alliant avec la réaction, j'ai signé le manifeste de l'extrême-gauche et du groupe socialiste, protestant contre la manifestation plébiscitaire que l'on voulait faire sur le nom d'un général qui avait refusé de déposer son épée, et posait sa candidature, ce qui constituait un véritable plébiscite. Et avant l'élection de Paris pour le remplacement de Hude, décédé, j'ai, avec la députation républicaine du Puy-de-Dôme, du Cantal et de la Haute-Loire, engagé les auvergnats de Paris à voter pour Jacques contre le général Boulanger.

Après cette élection, où dans un jour d'affolement la ville-lumière s'était, à une majorité formidable, donnée à ce général, qui venait d'être élu aussi dans plusieurs départements, j'ai compris la nécessité d'armer le gouvernement des armes légales qu'il réclamait pour la défense de la République. J'ai été de ceux qui ont autorisé les poursuites contre les députés faisant partie de la Ligue des Patriotes, dénoncée comme association non autorisée et société secrète, et contre le général Boulanger accusé de complot et d'attentat contre la sûreté de l'Etat. Mais je n'ai pas voulu m'associer par un vote, aux projets, aux mesures qui portaient atteinte à la liberté de la presse, à l'institution du jury, à la liberté d'association, et investissaient le Sénat d'un pouvoir judiciaire que lui donne une constitution monarchiste dont nous avons demandé la revision.

Aussi, j'ai voté avec la majorité, le rejet de la loi qui donnait à la police correctionnelle, la connaissance des délits d'injures contre les fonctionnaires, les ministres, les membres du parlement, délits réservés au jury; j'ai voté avec la minorité radicale, l'amendement de notre collègue Millerand, n'autorisant les poursuites contre les députés boulangistes Laguerre, Laisant, Turquet, que pour le délit de société secrète et non pour celui d'association; j'ai voté avec les 70 de l'extrême-gauche et de la gauche radicale, l'amendement de notre collègue Simyan, n'autorisant les poursuites contre le général Boulanger, que pour les délits de complot et d'embauchage, dont le Sénat n'avait pas à connaître ; le crime d'attentat, d'un autre côté, ne nous paraissant pas établi par le réquisitoire.

Ces divers amendements rejetés, chacun de nous a, par des motifs divers, suivi la ligne de conduite qui lui a paru la plus utile à notre cause. Sur l'ensemble de la loi autorisant les poursuites contre le général Boulanger, devant le Sénat érigé en haute cour de justice, le parti radical s'est divisé. Les uns ont voté pour, les autres contre. Je me suis abstenu avec Clémenceau, Barodet, Pelletan, Raspail et plusieurs autres de mes collègues ; nous n'avons pas voulu voter une loi qui était un appendice, une adjonction à une constitution qui confond le pouvoir législatif avec le pouvoir judiciaire, confère à un corps politique émanant du suffrage restreint le droit de juger sans appel des élus du suffrage universel ; nous n'avons pas non plus voulu briser dans les mains du pouvoir l'arme qu'il réclamait pour combattre et vaincre le boulangisme.

Cultes

(P) Ordre du jour Maurice Faure, sur une interpellation de M. Baudry-d'Asson, relative à la suppression des traitements prononcée contre les membres du clergé, ainsi conçu : « La Chambre approuve les mesures du gouvernement, et compte sur son énergie pour faire respecter les institutions de la République. (a)

(P) Liberté des funérailles. Droit donné à tout majeur ou mineur émancipé en état de tester, de régler les conditions de ses funérailles, notamment en ce qui concerne le caractère religieux à leur donner ; de disposer de son corps en faveur des établissements d'instruction publique ou de bienfaisance, pour crémation. (a)

(P) Séparation de l'Eglise et de l'Etat. (Proposition de l'extrême-gauche.) (r)

(P) Ordre du jour Michelin sur l'interpellation de M. de Mun, au sujet des évènements de Châteauvillain (émeute cléricale) : « La Chambre, convaincue que la liberté peut seule assurer l'ordre public, invite le gouvernement à présenter à bref délai un projet de dénonciation du Concordat, qui aura pour conséquence la suppression du budget des cultes et la séparation de l'Eglise et de l'Etat. (r)

(P) Prise en considération de la proposition Planteau et Michelin, portant abrogation du Concordat. (a)

(P) Préparation à la séparation de l'Eglise et de l'Etat par une loi sur les associations de tous genres (urgence). (r)

(P) Suppression de l'ambassade du Vatican. (r)

(P) Suppression des frais de représentation de l'ambassadeur. (r)

(P) Suppression des allocations aux missions étrangères, chanoines de St-Denis, vicaires généraux. (a)

(P) Suppression des évêchés et séminaires non concordataires, c'est-à-dire non reconnus par le Concordat. (r)

(P) Diminution du traitement des évêques et archevêques. (r)

(P) Suppression des pensions civiles et ecclésiastiques, sur lesquelles il n'est fait aucune retenue. (r)

(P) Réduction de 900,000 francs sur l'allocution aux curés et desservants. (r)

(P) Suppression immédiate des congrégations religieuses autorisées ou non, urgence. (r)

(P) Suppression du traitement des aumôniers de lycées et de prisons centrales ou départementales. (a)

(C) Maintien du crédit pour les facultés protestantes, israélites et catholiques. (a)

(P) Allocation d'un crédit de 2 millions pour arriver à la liquidation du budget des cultes. (r)

Ouvriers, Travailleurs

(P) Ordre du jour Tony Révillon dans l'interpellation de Basly sur les évènements de Decazeville, ainsi conçu : « La Chambre, résolue de venir en aide aux ouvriers mineurs; convaincue de la nécessité de réviser la législation des mines, dans un sens conforme aux droits de l'Etat et aux intérêts des travailleurs, prend acte des promesses du gouvernement et approuve la conduite des agents de l'administration à Decazeville. » (qui avaient agi avec une grande modération.) (r)

(P) Ordre du jour Camélinat, Basly et autres, ainsi conçu : « La Chambre invite le gouvernement à user des droits qui lui sont conférés par la loi, afin de ne pas laisser plus longtemps compromettre la conservation de la mine, concédée conditionnellement à la Société des houilles et fonderies de l'Aveyron, dont il y a lieu de prononcer la déchéance ; à s'entendre immédiatement avec les ouvriers syndiqués pour l'exploitation de la mine, redevenue propriété nationale. » (r)

(P) Ouverture aux sociétés coopératives, de l'accès aux grands travaux de l'Etat et des départements, principalement en les dispensant du cautionnement. (a)

(P) Modification dans un sens favorable aux associés, de la loi sur les sociétés, avec organisation de la participation aux bénéfices. (Prop. Floquet.)(a)

(P) Ministère du travail.

(P) Privilège accordé, à moins de circonstances exceptionnelles, aux ouvriers français, d'être employés aux travaux de l'Etat et des départements, à l'exclusion des ouvriers étrangers. (a)

(P) Insaisibilité et incessibilité des salaires des ouvriers et des pensions alimentaires. (a)

(P) Paiement du salaire des ouvriers par quinzaine au moins. (a)

(P) Ordre du jour Sigismond Lacroix, sur l'interpellation relative aux grèves de Decazeville, ainsi conçu : « La Chambre, regrettant que l'inspecteur général chargé par le ministre des travaux publics d'inspecter les mines de Decazeville, ait refusé de se faire accompagner dans sa visite par des ouvriers mineurs, et que le gouvernement ait cru devoir faire procéder à l'arrestation préventive et brutale de deux citoyens (les journalistes Duc-Quercy et Ernest Roche), prévenus d'un simple délit de propagande ; résolue à faire respecter le droit qu'a chaque citoyen d'intervenir dans les grèves en se conformant aux lois, invite le gouvernement à proposer un arbitrage de nature à mettre fin au conflit qui menace les intérêts du pays » (r)

(P) Loi sur les délégués mineurs, donnant aux ouvriers mineurs le droit de nommer par l'élection des délégués, pour inspecter les mines, constater la cause des accidents survenus, indiquer les moyens de les prévenir. (a)

(C) La même loi revenue du Sénat, avec une disposition donnant aux directeurs des compagnies le droit de choisir eux-mêmes les délégués qui auraient été à leur dévotion. (r)

(P) Responsabilité des accidents de travail laissée aux patrons qui ne prouvent pas que l'ouvrier a été volontairement la cause de l'accident ; avec caisse de retraite et de risques professionnels pour les mineurs. (a)

(P) Interdiction, dans les mines et fabriques, du travail de nuit des enfants et des femmes. (a)

(P) Fixation du travail de jour des enfants et mineurs de 18 ans à huit heures, des femmes à dix. (Proposition du groupe socialiste. (r)

(P) Fixation des heures de travail des enfants des deux sexes jusqu'à 18 ans, à 10 heures, et des femmes à 11 heures. (a)

(P) Caisses de retraites et secours pour la vieillesse. (a)

(P) Création de sociétés de secours mutuels. (a)

(P) Affectation du produit de la vente des diamants de la couronne à une caisse des invalides du travail. (a)

(P) Suppression du livret des ouvriers. (a)

(P) Suppression du livret obligatoire, transformé par le Sénat en livret facultatif, modification acceptée par la majorité républicaine, ne pouvant faire mieux. (a)

(P) Répression des atteintes portées à l'exercice des droits attribués aux syndicats professionnels.(a)

(P) Ordre du jour sur l'interpellation Basly, relative à la cessation de l'exploitation des mines de Bouxhors et la Combelle, signé Basly, Camélinat,

Antide Boyer, A. St-Ferréol, Guyot-Dessaigne, Laville, Blatin, Chantagrel, Duchasseint, Barrière, et ainsi conçu : « La Chambre, considérant que la cessation de l'exploitation des mines de Bouxhors et de la Combelle, par les concessionnaires actuels, est de nature à inquiéter la sécurité publique, invite le gouvernement à prononcer, conformément aux lois, le retrait de la concession des deux mines et à les faire exploiter provisoirement en régie. (a)

Travaux publics, Agriculture, Industrie, Commerce

(P) Extension aux travaux d'embellissement et d'utilité des villes, des dispositions de la loi sur les syndicats ruraux (a)

(P) Concession aux différentes compagnies de chemins de fer d'un nouveau réseau de voies ferrées, parmi lesquelles celles d'Ambert à Arlanc, pour être plus tard prolongée sur Darsac, par le canton de La Chaise-Dieu, et celle de St-Bonnet-le-Château, par le même canton, à Sembadel, qui devra être reliée à Massiac, par Brioude, au chemin de fer de Paris à Bordeaux. (a)

(P) Mesures pour assurer la sécurité des voyageurs dans les chemins de fer. (a)

(P) Rapports avec les compagnies de chemins de fer, des agents commissionnés, soustraits pour leur renvoi, leur retraite. à l'arbitraire des directeurs de ces compagnies. (a)

(P) Ordre du jour Labordère dans l'interpellation sur l'homologation des nouveaux tarifs de chemins de fer : « La Chambre, considérant que l'Etat, en n'usant pas de tous ses droits non aliénés concernant le régime des chemins de fer, compromettrait gravement le travail national au profit de l'étranger ; invite le gouvernement à constituer immédiatement la commission des tarifs d'importation et de transit, prescrite par les lettres annexées aux conditions de 1883, et à exiger que les tarifs soient établis conformément aux promesses faites dans ces mêmes lettres ; charge la commission parlementaire des chemins de fer de proposer sans retard au parlement l'action de l'Etat en matière de chemins de fer, et notamment de préparer le rachat de l'Ouest et de l'Orléans. (r)

(P) Rachat des ponts à péage. Subvention de 20,000 francs pour celui de Lamothe. (a)

(P) Exemption pour les pères de famille ayant au moins sept enfants de l'impôt personnel et mobilier. (a)

(P) Syndicat pour la défense des vignes phylloxérées. (a)

(P) Mesures pour la destruction des insectes, cryptogames et autres végétaux nuisibles à l'agriculture. (a)

(P) Exonération de l'impôt pour les vignobles phylloxérés ou reconstituant. (a)

(P) Répression des fraudes sur les engrais, les beurres. (a)

(P) Indication par les fabricants et marchands aux acheteurs et consommateurs de la nature des vins livrés à la consommation. (a)

(C) Surélévation du droit de douane sur les céréales, les bestiaux, les farines importées de l'étranger ; droits qui font renchérir les objets de consommation nécessaires à la vie, sans profit pour les agriculteurs, qui comme consommateurs payent plus qu'ils ne touchent comme producteurs, et à qui les gros propriétaires ont cherché à faire accroire qu'ils auraient le pain et la viande à bon marché en vendant cher leur grain et leur bétail. (a)

(C) Surélévation des droits de douane sur le maïs, le chanvre, le lin, les soies grèges, les cuirs et autres matières premières nécessaires à l'industrie importées de l'étranger. (a)

(Ab) Surélévation des droits sur l'alcool étranger. (a)

(P) Surélévation des droits sur les alcools de grains et de pommes de terre importés d'Allemagne presque en franchise, pour sophistiquer les vins français. (a)

(P) Crédit de 21 millions pour l'exposition universelle de 1889, anniversaire du centenaire de 1789. (a)

(P) Conservation des principaux monuments du Champ de Mars (a)

(P) Modification de la loi sur le régime des sucres, réduisant considérablement la prime de 70 millions accordée par les protectionnistes aux grands fabricants de sucre, au détriment de l'Etat et des consommateurs. (a)

(P) Réforme de la législation sur les faillites, facilitant aux débiteurs, commerçants de bonne foi les moyens d'obtenir plus facilement leur Concordat. (a)

(P) Suppression du pacage et de la vaine pâture. (a)

(P) Suppression ou transformation de la prestation en nature. (r)

Guerre, Marine, Affaires étrangères

(P) Tous les crédits que les ministres de la guerre

ont demandé pour la défense nationale, armement, équipement, fortifications, augmentation de l'effectif de toutes armes. (a)

(P) Réduction à trois ans du service militaire, obligatoire pour tous, à l'exception des infirmes et des véritables soutiens de famille, astreints à une taxe militaire proportionnelle à leurs ressources ; avec faculté de renvoyer au bout d'un an et deux ans dans ses foyers, suivant les exigences du budget, une partie du contingent, congédiant les jeunes soldats qui par leur bonne conduite et des examens ont justifié de leurs aptitudes militaires.(a)

(P) Loi militaire revenue pour la seconde fois du Sénat, mutilée par le maintien des exemptions de droit pour les enfants des riches comme des pauvres, les privilèges accordés aux séminaristes et aux universitaires de ne rester qu'un an sous les drapeaux dans des corps spéciaux; mais qu'il fallait au terme de la législature en subissant l'ultimatum du Sénat, donner aux populations qui attendaient la réduction du service militaire à trois ans et l'enrolement des séminaristes. (a)

(P) Mobilisation des ouvriers de chemins de fer.(a)

(P) Essai de mobilisation. (a)

(P) Loi organique sur le rengagement des sous-officiers, ayant pour but d'améliorer leur situation. (a)

(P) Egalisation de la solde des officiers de toutes les armes. (a)

(C) Unification des pensions de retraite des officiers et sous-officiers de terre et de mer, des agents actifs des douanes, des gardes forestiers, mesure désirable mais devant coûter à l'Etat trente millions, dans un budget en déficit. (Adoptée d'abord par la Chambre, puis rejetée après l'avoir été par le Sénat.)

(P) Les crédits réclamés par le ministre de la marine pour construction de torpilleurs, en outre de ceux-ci 58 millions pour demander à l'industrie des constructions neuves de bâtiments de la flotte, et 67 millions pour l'amélioration et la défense de nos ports de mer. (a)

(P) Economies de plusieurs millions sur l'administration intérieure du service maritime. (a)

(C) Crédits pour le Tonkin, depuis ceux de 78 millions, demandés pour maintenir l'occupation, par le ministère Brisson, à qui la commission, par l'organe de son rapporteur, Camille Pelletan, accordait 8 millions pour le rapatriement de nos soldats et la protection de nos nationaux, jusqu'aux 20 millions réclamés par les cabinets suivants pour protectorat. (a)

(P) Evacuation progressive du Tonkin avec lequel serait fait un traité de commerce. (r)

(P) Traité de commerce avec Madagascar, abandon de tout protectorat. (a)

(P) Traité de commerce avec la Chine, donnant à la France des garanties. (a)

(P) Traité avec la Grèce, lui accordant en compensation des avantages donnés à la France, le droit d'entrée de ses raisins secs avec des droits modérés. (r)

(P) Suppression de la décoration civile de la croix d'honneur, réservée aux armées de terre et de mer. (a)

Finances, Réformes fiscales

(P) Suppression progressive des trésoriers-payeurs généraux. (r)

(P) Diminution considérable de leurs appointements, devenus fixes, et de leurs privilèges, celui entre autres de faire la banque. (a)

(P) Diminution de 200,000 francs sur les appointements des receveurs particuliers. (a)

(P) Diminution du nombre et des traitements des employés inutiles ou trop rétribués des différents ministères. (a)

(P) Diminution du crédit pour fournitures aux bureaux du papier dont l'impôt a été réduit. (a)

(P) Diminution de 750,000 francs sur le matériel des bureaux. (a)

(P) Diminution sur les frais de justice criminelle. (a)

(P) Suppression du traitement d'un directeur du ministère de l'intérieur. (a)

(P) Suppression des inspecteurs généraux. (r)

(P) Réduction de 35 millions sur la prime des sucres. (a)

(P) Emprunt de 500 millions demandés par le gouvernement pour liquider le passé et changer une dette immédiatement exigible en une dette remboursable à long terme. (a)

(C) Autorisation à la compagnie de Panama d'émettre des obligations ou valeurs à lots. (a)

(C) Fonds secrets du ministère de l'intérieur. (a)

(P) Augmentation du traitement des agents secondaires des ponts et chaussées. (a)

(P) Augmentation des subventions pour frais d'études aux enfants peu aisés. (a)

(P) Augmentation du nombre de bourses pour les enfants pauvres. (a)

(P) Modération par les tribunaux, des amendes pour contravention. (a)

(P) Suppression des contrôleurs généraux des finances. (a)

(P) Suppression de l'impôt des boissons (proposition des gauches radicales). (r)

(P) Réforme de l'impôt des boissons ; suppression de l'exercice, des droits de circulation (adopté, puis rejeté).

(P) Suppression des octrois (prop. Yves Guyot). (r)

(P) Suppression de la prestation. (r)

(P) Suppression du privilège des bouilleurs de cru. (r)

(P) Impôt sur le revenu ou le capital (proposition de l'extrême gauche). (r)

(P) Impôt progressif, unique (prop. de l'extrême-gauche). (r)

(P) Transformation de l'impôt de répartition en impôt de quotité et de celui des portes et fenêtres en impôt mobilier. (r)

(P) Taxe sur les cercles où l'on joue, proportionnelle aux bénéfices. (a)

(P) Réduction du contingent imposé aux départements surimposés, et parmi lesquels est celui de la Haute-Loire. (r)

(P) Subvention de 400,000 fr. dans la dernière année, pour construction d'écoles primaires. (a)

(P) Economies de 70 millions. (a)

(C) Relèvement des allocations ou subventions diminuées par la Chambre, rétablies par le Sénat.(a)

(C) Vote de confiance demandé par le dernier ministère, pour le rétablissement des traitements des directeurs généraux. (a)

(P) Impôt sur les successions. (r)

(P) Réduction de 230,000 francs sur le crédit affecté à la cour de cassation en diminuant le nombre de ses membres. (r)

(C) Augmentation des traitements du personnel des contributions indirectes. (r)

(P) Réduction de 100,000 francs sur le personnel de l'enregistrement et des domaines. (r)

(P) Diminution de 350,000 francs sur le traitement des fonctionnaires de l'Indo-Chine. (a)

(P) Relevation à 500,000 francs de la subvention aux hospices et bureaux de bienfaisance, réduite à 150,000 par la commission. (a)

(P) Suppression du privilège de la Banque de France. (r)

(C) Rétablissement de l'ancien impôt sur le papier. (r)

(P) Abaissement du prix des permis de chasse, mis à la portée des travailleurs, les dimanches, par la création de permis spéciaux pour ce jour. (r)

Je dois déclarer ici que j'ai repoussé l'augmentation de 200 millions de dépenses et la diminution de 250 millions de recettes proposées par des membres de la droite, qui, sans donner le moyen d'équilibrer les recettes et les dépenses, auraient ainsi ouvert dans le budget un déficit de 450 millions.

J'ai voté enfin pour l'ensemble de tous les budgets qui, tous ont été repoussés par les droites, lesquelles auraient ainsi, si elles l'avaient pu, pour renverser la République, en arrêtant le mouvement social, coupé les vivres à l'armée, à la marine, à l'administration, à la justice, à l'instruction publique et même au culte, dont elle supprimait elle-même en réalité le budget.

Un certain nombre de propositions et des plus importantes, présentées par le parti radical, n'ont pas été prises en considération. D'autres, par des motifs divers, n'ont pas pu être transformées en lois, ayant été enterrées au Sénat ou à la Chambre sans avoir pu être non pas achevées, mais même discutées ou rapportées. Parmi elles se trouvent la séparation de l'Eglise et de l'Etat, la revision de la constitution, la suppression de l'impôt sur les vins et des octrois, la réforme de l'impôt, les lois ouvrières.

Mais à qui la faute? Est-ce aux députés radicaux qui ont présenté, défendu, voté ces réformes importantes, comme ils avaient promis de le faire dans leurs programmes, leurs manifestes électoraux? C'est ce que cherchent à faire accroire aux masses ignorantes, ceux qui les ont combattues, repoussées, enterrées, soit à la Chambre des députés, soit au Sénat. Ils veulent rendre responsables également tous les membres du parlement, de ce qui est la faute, d'abord de la constitution imposée à la France par l'assemblée de malheur qui, n'ayant pu faire la monarchie, n'a pas voulu laisser faire la République; ensuite, du peuple souverain, qui au jour des élections s'est donné tant de représentants monarchistes, cléricaux, réactionnaires ou réfractaires au progrès.

Les députés radicaux ayant fait ce qu'ils pouvaient, ont fait ce qu'ils ont dû.

La législature qui a commencé en 1885 et fini en 1889, se décomposait en 400 républicains, et 180 monarchistes de toutes couleurs. Parmi les républicains il y avait 90 radicaux de l'extrême-gauche, autant de la gauche radicale, 226 opportunistes, de l'union républicaine, du groupe ferryste et des indépendants.

Elle n'est pas restée sans rien faire, quoi qu'on ait dit. Elle a tenu 539 séances, nommé 427 commissions qui se sont réunies 3,118 fois. 2,044 affaires législatives lui ont été soumises; dans ce nombre on relève 598 projets de loi d'intérêt général émanant de l'initiative gouvernementale, 618 propositions de loi d'intérêt général dues à l'initiative parlementaire, et 46 venant du Sénat. 1,380 ont pu être entièrement terminés. Quant aux autres 664 projets ou propositions de loi, la législature étant arrivée au terme de son mandat, ils sont de ce fait devenus caducs, par suite de cette ridicule et indéfendable chinoiserie parlementaire, qui déclare tels ceux qui n'ont pas été votés avant cette cloture, et dont l'abrogation avait été demandée par une proposition de gauches, restée sans effet comme tant d'autres.

Ce n'est pas seulement dans le parlement que les radicaux ont travaillé, autant que cela a dépendu d'eux, à consolider et développer la République; ils ont organisé des ligues, des associations, pour étudier les questions sociales et politiques à résoudre, pour recruter dans le corps électoral le plus d'adhérents possibles, éclairer par la propagande, au moyen de conférences, d'écrits, de manifestations publiques, le peuple sur ses droits et ses devoirs; créer à l'aide de souscriptions, de cotisations, des caisses de secours en faveur de ceux qui ont souffert pour la cause de la République, de la liberté, du droit.

En ce qui me concerne, j'ai été membre des sociétés suivantes, aux réunions desquelles je me suis fait toujours un devoir d'assister quand cela m'a été possible :

(1849) *Société fraternelle pour les familles des détenus ou transportés politiques,* créée à la suite des journées de juin 1848 et 13 mai 1849. Président, Lafon; membres, Déflotte, Arnaud, Bertholon, Joly, Greppo, Faure, Labrousse, Laboulaye, Miot, Nadaud, Saint, Schœlcher, St-Ferréol, représentants du peuple, Raguet, Gosselin, Huet, Prudhomme, Pelletier, Hubbak, Denis, Bocquet, Orry.

(1888) *La famille des proscrits de 1851-1858.* Président nommé à chaque réunion; secrétaire, Bocquet, caissier, Orry, tous deux membres de la Société fraternelle de 1849, proscrits tous les deux; commission exécutive, Minor Leconte, républicain de la veille, Luguet, mécanicien, Roussel, tailleur d'habits, Blot, cordonnier, Picot, photographe, Taquet, ferblantier.

Resserrer les liens de solidarité républicaine entre les citoyens qu'avaient unis une foi commune, de longues luttes et de dures épreuves; venir en aide dans leurs maladies, à leurs anciens camarades de souffrance; leur assurer des funérailles décentes; sur leur tombe dire leurs vertus civiques et privées; honorer les grands morts de la démocratie; témoigner de leur gratitude en assistant aux funérailles des législateurs qui ont pris l'initiative de la loi d'indemnité et qui l'ont fait réussir; honorer la République en ses grandes journées par l'affirmation publique de leur dévouement inaltérable; soins médicaux, paiement des funérailles, deuil de la femme, pension de retraite pour ses membres âgés, adoption de ses orphelins. Tels sont les objets qui ont été poursuivis et pleinement atteints par les membres de la famille des proscrits.

Parmi ceux-ci sont les députés et sénateurs Achard, Barodet, Carnot père, Colfavru, Dethou, Hugues Clovis, Labordère, Maillard, Marcou, Félix et Henri Mathé, Maurice Faure, St-Ferréol, Planteau, Camille et Benjamin Raspail, Madier de Montjau, Bauquier, Préveraud, E. Brousse, Turigny, Brisson, Floquet, Lanessan, Leporché, Lockroy, Ménard-Dorian, Allain-Targé, Noël Parfait, Joigneaux; les sénateurs Naquet, Peyral, Georges Martin; les anciens représentants du peuple Belin, Burgard, J. Maigne, Malardier, Massé, Racouchot, Victor Considérant, et en mémoire de leurs maris décédés anciens représentants du peuple, Mmes veuves Pelletier, Baudsept, Agricol Perdiguier, enfin Cantagrel fils, Baudot, conseiller municipal de Paris, Meunier, ancien préfet.

Chaque année, avant la translation des cendres de Baudin au Panthéon, la famille des proscrits allait déposer des couronnes sur la tombe de Baudin et sur celle de Dussoubs, tués sur les barricades dans les journées de Décembre. J'y allais comme délégué aussi de l'extrême-gauche.

Société des droits de l'homme et du citoyen. Fondée pour combattre surtout le boulangisme, elle a pour objet, dit-elle dans son manifeste, la défense de la République par la lutte sans merci, contre toute entreprise de réaction ou de dictature. Elle veut la revision de la constitution, mais la revision républicaine; et cela ne suffit pas. A une tentative de dictature qui menace il faut opposer la revendication des droits de l'homme et du citoyen.

Elle se réunit d'abord dans le temple maçonnique de la rue Cadet, ce qui a fait appeler par Rochefort et la boulange, ses membres *cadettistes.* Son comité d'action, à la tète duquel se trouvait au début Clémenceau, représentant le parti radical, Ranc, le parti opportuniste, Joffrin, le parti possibiliste ouvrier, soumettait à la discussion de la réunion, chaque semaine, des rapports sur les questions politiques, économiques, sociales. Les républicains de toutes les nuances des deux Chambres, de la presse, y prenaient part.

Cette société, après l'écrasement du boulangisme, n'a pas désarmé. Elle a conservé son organisation, ses réunions hebdomadaires. Mesureur en est le trésorier. Le bureau se renouvelle tous les mois.

Société de la fédération de 89 ou du centenaire. En ont fait partie immédiatement 250 membres appartenant au Sénat, à la Chambre des députés, au conseil municipal et au conseil général de Paris, à la presse, représentée par les journaux la *Justice*, le *Radical*, la *Lanterne*, l'*Intransigeant*, le *Petit Parisien*, le *Rappel*, la *France*, l'*Action*.

Elle avait choisi comme membres de sa commission : députés, Clémenceau, de La Forge, Colfavru, Barodet, Lockroy, Henry Maret, Desmons, Tony Révillon, Madier de Montjau, Georges Périn, Leporché, Jullien, Camélinat, Achard, Yves Guyot ; sénateurs, Songeon, Dide, Pauliat, Isaac, Georges Martin ; conseillers municipaux, Hovelacque, Viguier, Humbert, Sauton, Deschamps ; conseillers généraux, Jacques, Lefèvre. Au comité central ont été : président, A. de La Forge ; vice-présidents, Dide, Colfavru, Tony Révillon, Hovelacque ; secrétaire général, Victor Meunier (du *Rappel*) ; secrétaires, Viguier, Pauliat, Jullien ; trésoriers, Camille Dreyfus, Jacques.

C'est par des conférences et l'organisation de comités dans toute la France, par la publication de brochures, qu'elle a cherché à créer une grande fédération digne de celle de 90, pour célébrer l'anniversaire du centenaire de 89.

Sociétés de la libre-pensée, auxquelles j'appartiens depuis trente-cinq ans, étant un des proscrits affiliés aux *Solidaires de Bruxelles;* divisées par sections d'arrondissement, elles donnent par leur organisation, leurs statuts, à ceux qui veulent être séparés de l'Eglise dans tous les actes de leur vie — naissance, mariage, enterrement, — le désir, la volonté, les moyens de faire respecter leurs volontés dernières.

Ligue agraire, fondée par les rédacteurs du journal la *Terre aux paysans*, Fernand Maurice, Massieu, Ch. Boyer, ayant pour but : 1° de favoriser le retour au travail de la terre, que les populations rurales arrivent à délaisser et à dédaigner dans une proportion funeste aux intérêts les plus essentiels au pays ; 2° de permettre l'accession de la propriété aux travailleurs des villes et des campagnes, auxquels fait trop généralement défaut la possession du sol, ce qui amène une émigration exagérée de la population rurale, et l'entassement dans les villes de travailleurs sans ouvrage en prise aux privations et trop facilement livrés aux mauvaises suggestions de la misère ; 3° le développement de la petite culture permettant la mise en valeur de toutes les terres et l'accroissement de la population.

Adhérents, MM. Barodet, Beauquier, Bourneville, Brialou, Camélinat, Colfavru, Laisant, Mesureur, Michelin, Millerand, Pichon, Camille Raspail, de Susini, St-Ferréol, Wickersheimer, Symian, députés, Georges Martin, sénateur, Longuet, Hovelacque, Marsolleau, conseillers municipaux de Paris.

Ligue pour la séparation des églises et de l'Etat par les communes. La Ligue a pour but d'obtenir le plus rapidement possible la séparation des Eglises et de l'Etat. Elle propose, pour assurer la mise en pratique de cette réforme, que les crédits affectés aux frais des cultes soient répartis, à titre de dotation, entre les communes au prorata de la part attribuée actuellement à chacune d'elles. Le comité se réunit sur convocation du bureau, au moins dix fois par an, afin de discuter les questions qui se rapportent au but poursuivi par la Ligue, d'organiser des réunions et des conférences et de préparer les matériaux de ses publications.

Membres du bureau : président, Yves Guyot; vice-présidents : Jullien, Blatin, députés, Georges Martin, sénateur, Léon Donnat, cons. munic. de Paris; trésorier, Barbe, député; secrétaire général, Jouffrault, député; secrétaire, Armand Massip, publiciste.

Membres du comité directeur : Ballue, Barbe, Barré, Bauquier, Borie, Brugère, Brugnot, Buvignier, Germain Casse, Chantagrel, Dethou, de Douville-Maillefeu, Camille Dreyfus, Duchasseint, Ducoudray, Fernand Faure, Frébault, Gaulier, Guillaumou, de Hérédia, Jacquier, Lafon, Lagrange, Lefèbvre, Letourneau, Lorenchet, Leporché, Lesguiller, Maillard, Martin Nadaud, Tony Révillon, Roque de Filhol, St-Ferréol, St-Martin, Turigny, Turrel, Vergoin, Vernière, Viger, Montaut, députés; Bompard, René St-Martin, cons. municipaux de Paris; F. Deloncle, Louis Hervé, docteur-médecin, Hudelo, Issaurat, professeurs, A. Lefèvre, E. Mayer, L.-V. Meunier, P. Sébillot, Ed. Monteil, anc. cons, mun. de Paris, Oudinet, chef d'atelier, Sinaud, architecte.

Ligue de la suppression des octrois. Yves Guyot et la plupart des députés radicaux. Propagande aussi par la parole et la presse.

Comité pour élever une statue à François-Vincent Raspail. Nadaud, président, Achard, Prudon, Michel, Preissat, St-Ferréol, Forest, députés, Picard, trésorier, etc.

Ligue d'arbitrage international, pour remplacer la guerre par l'arbitrage dans les conflits qui peuvent surgir entre les gouvernements ou entre les nations. Sénateurs et députés républicains ou libéraux, français et étrangers de toutes les nuances. Jules Simon, président, Frédéric Passy, Léon Say, Lalande, Gaillard (de Vaucluse), membres de la commission. Ce sont des conférences, plus philosophiques et littéraires que politiques, que donne cette association, qui a organieé à Paris pendant l'exposition un congrès international.

Il est une association, la plus vaste, la plus ancienne de toutes, à laquelle je ne me suis jamais affilié, c'est la franc-maçonnerie, bien que son *Grand-Orient* et la plus grande partie de ses loges aient rejeté toutes les doctrines et toutes les épreuves du passé, remplacé le culte du grand architecte par celui de la Raison, mérité par la revendication de toutes les libertés modernes, liberté de penser, liberté de la presse, liberté de réunion, et sa marche en avant dans la voie du progrès, d'être anathématisée par le pape et l'église comme la grande ennemie de la religion, la cause principale des révolutions, des réformes qui ont constitué la société moderne.

J'ai toujours cru qu'à notre époque de lumière, de publicité, de liberté, le temps des temples fermés comme des églises intolérantes est passé. Ce sont l'hôtel-de-ville, la tribune, la presse, l'école, qui remplacent ces institutions maçonniques du passé, qui ont pu rendre et ont rendu d'utiles services à l'humanité quand elle était dans ses langes ou que les peuples étaient dans la servitude. A la fraternité maçonnique doit succéder la fraternité sociale. La franc-maçonnerie n'en reste pas moins une société qui dans sa sphère est utile à la démocratie, à la République.

Maintenant, libre aux radicailleux de Brioude qui m'ont traité de clérical, d'opportuniste, de renégat, de montrer comme moi leurs titres de radicalisme, de socialisme, d'anti-catholicisme. Entre eux et nous le pays jugera.

Le passé de l'homme public répond ordinairement de son avenir. Toutefois, il est de nouveaux *désidérata* que l'expérience, le mouvement des idées, les besoins du présent, la situation du pays, le cours des évènements, peuvent ou doivent ajouter aux anciens. Pour cela les programmes à la veille des grandes élections sont toujours nécessaires, doivent être exigés des comités, surtout des candidats.

Un programme, une profession de foi, c'est une déclaration de principes, avec engagement pris d'y conformer ses actes, ses votes. Mais formuler les réformes politiques, sociales, économiques, que l'on croit justes, désirables, possibles, ce n'est pas les promettre, comme les radicaux socialistes sont accusés de le faire par les partis qui ne trouvent jamais opportunes les réformes proposées, ou les repoussent toutes. Le parlement, quel que soit son organisation, avec une ou deux chambres, avec ou sans le *referendum*, peut seul les donner par la loi. C'est affirmer sa volonté de marcher toujours en avant, sans retourner en arrière, ni même s'arrêter dans la voie du progrès, en réalisant ce qui peut l'être.

Aux élections qui ont eu lieu le 22 septembre, les radicaux socialistes de Paris ont, par cette raison, adopté le programme suivant de leurs comités, auquel, à part quelques réserves insignifiantes, je donne mon adhésion, non pour briguer une candidature, mais pour prouver encore que tout en restant fidèle à mes principes, je suis un républicain de mon temps :

PARTIE POLITIQUE

Article 1er. — Revision aussi rapide que possible de la Constitution dans un sens véritablement républicain et démocratique, par une assemblée constituante, élue exclusivement dans ce but.

La Constituante délibèrera parallèlement aux Chambres et n'aura d'autre pouvoir que celui d'élaborer la Constitution.

Ce travail terminé, son mandat prendra fin.

La Constitutiou sera soumise au vote de la nation.

Art. 2. — Suppression de la présidence de la République, ou tout au moins un président toujours révocable par l'Assemblée.

Suppression du Sénat, ou tout au moins restriction de ses droits politiques et financiers.

Extension de sa base electorale.

Art. 3. — Les ministres pris en dehors des Chambres ou démission des députés une fois nommés ministres.

Suppression de leur solidarité ; chaque ministre personnellement responsable de ses actes devant le Parlement

Art. 4. — Décentralisation gouvernementale et administrative : au Parlement, les intérêts nationaux ; aux Conseils généraux, les intérêts départementaux.

Autonomie communale, c'est-à-dire la commune maîtresse de son administration, de ses finances et de sa police, dans les limites compatibles avec l'unité nationale.

Art. 5. — Responsabilité personnelle et pécuniare des fonctionnaires nommés ou élus et des mandataires.

Réduction des gros traitements, du personnel administratif et notamment des sous-préfets.

Art. 6. — Séparation des Eglises et de l'Etat. Suppression du budget des cultes. Le clergé soumis au droit commun. Et comme mesures préparatoires, vote de la loi sur les associations et retour à la nation at aux communes des biens des congrégations religieuses.

Art. 7. — Magistrature élective et temporaire.

Justice gratuite. Réforme de la loi sur le Jury. Suppression de l'instruction secrète. — Réparation morale et pécuniaire aux victimes des erreurs judiciaires et de la police.

Art. 8. — Suppression des charges, privilèges et monopoles judiciaires (avoués, avocats, etc.)

Art. 9. — Service militaire obligatoire et égal pour tous. Suppression des dernières dispenses universitaires et religieuses.

Art. 10. — Instruction intégrale, laïque et gratuite à tous degrès, professionnelle ou autre, en raison des aptitudes constatées.

Art. 11. — Interdiction du cumul des fonctions publiques et électives.

Renouvellement partiel des assemblées à époques fixes.

Art. 12. — Reconnaissance par la loi du mandat impératif et son assimilation au mandat civil.

PARTIE ÉCONOMIQUE

Article 1er. — Revision de l'impôt et de son mode de perception.

Suppression des octrois et des taxes de consommation sur les objets de première nécessité.

Art. 2. — Impôt progressif sur les richesses s'appliquant suivant les cas au capital ou au revenu.

Suppression ou réduction de l'héritage en ligne collatérale.

Art. 3. — Amortissement de la dette publique.

Art. 4 — Révision de la loi sur les mines.

Extension du principe de la loi sur les délégués mineurs à toutes les entreprises dirigées ou concédées par l'Etat et « notamment aux employés de chemins de fer. »

Extension des charges et bénéfices des caisses de retraite au profit de tous les agents et des ouvriers des Compagnies de Chemins de fer.

Art. 5. — Révision intégrale dans le sens démocratique de la loi de 1867 sur les Sociétés et abrogation des lois contraires.

Droit pour les travailleurs d'être représentés dans les assemblées générales des actionnaires.

Art. 6. — Loi générale limitant les heures de travail. Intervention de l'Etat dans la fixation des salaires pour les compagnies associées de l'Etat, et suppression du marchandage.

Réglementation et surveillance plus stricte du travail des enfants.

Art. 7. — Développement de l'enseignement professionnel.

Art. 8. — Interdiction absolue du livret d'ouvrier.

Responsabilité pénale des patrons et compagnies qui entraveraient l'exercice des syndicats professionnels ouvriers.

Art. 9. — Organisation du crédit aux travailleurs. Réorganisation de la Banque de France.

Art. 10. — Modifications aux conditions d'admission des groupes ouvriers aux adjudications de travaux publics.

Art. 11. — Revision de la législation sur les conseils de prud'hommes et les syndicats professionnels. Création d'un conseil de prud'hommes pour les employés.

Art. 12. — Assurance obligatoire par l'Etat en faveur des vieillards et des invalides du travail, sans préjudice du recours contre les patrons.

Administration des caisses ouvrières de secours et de retraite par les intéressés.

Art. 13. — Réforme du système pénitentiaire. Développement des pénitenciers agricoles.

Le travail fait dans les établissements religieux et prisons, tarifé et surveillé par les conseils des prud'hommes et les chambres syndicales.

Art. 14. — Interdiction de renouveler les traités de commerce jusqu'à l'abrogation de l'article 11 du traité de Francfort.

Pour toutes les questions importantes non prévues au présent programme, le comité devra être consulté chaque fois que les délais législatifs le permettront.

C'est à la législature nouvelle de faire son œuvre. Elle se divise en 366 républicains, 171 réactionnaires de toutes nuances et 39 boulangistes. On évalue à 236 le nombre des opportunistes et modérés, à 130 celui des radicaux et socialistes. 239 députés, c'est-à-dire presque la moitié de la Chambre, qui compte 576 membres, n'ont fait partie d'aucune assemblée. Ce sont des jeunes... en parlementarisme au moins. Des assemblées de la République de Février il n'y reste que Madier de Montjau, Boysset, Noël Parfait et Jules Maigne. Joignaux, Martin Nadaud, Amédée St-Ferréol, Benjamin Raspail, Colfavru, Daniel-Lamazière, Pons-Tande, ne se sont pas représentés ou n'ont pas été réélus. Cantagrel et Félix Pyat sont morts.

Ce que je désire maintenant, c'est que dans cette nouvelle Chambre ce soit la majorité qui vote comme l'extrême-gauche l'a fait dans la dernière, et que, plus heureuse que nous, elle fasse mieux, en donnant à la France les réformes qui peuvent seules rendre démocratique et sociale, en la consolidant, la développant, notre jeune République,

Cette belle,
Que Jean Guettré appelle
Depuis des mille et des cents ans.

Amédée St-FERRÉOL.
Ancien Député.

DOCUMENTS

POUR L'HISTOIRE

DE LA VILLE DE BRIOUDE

Basilique de Saint-Julien

Nous avons, dans les *Notices historiques de Brioude* et plus récemment dans *Mes Mémoires* et le journal *l'Abeille brivadoise*, donné sur la basilique de Saint-Julien de Brioude, tous les documents de nature à faire connaître les dates de sa fondation, de sa construction ou reconstruction, de son style, de son architecture, de son ornementation. Ces documents, non seulement se contredisaient ou étaient peu précis, peu concluants, mais encore se sont trouvés infirmés, en partie, par une bulle que M. Lachenal a découvert dans les papiers de l'abbé Martinon, curé d'Auzon et membre de l'Académie de Clermont, bulle dont nous avons donné la primeur dans l'*Abeille:*

Cette bulle est trop importante dans les questions soulevées par les archéologues et les épigraphistes, pour que nous ne la donnions pas en entier, dans son texte latin, avec la traduction qui en a été faite d'abord par M. Lachenal, et que chacun pourra modifier.

Alexander Episcopus, Servus servorum Dei, universis Christi fidelibus ad quos litteræ istæ pervenerint salutem et apostolicam benedictionem.

Quoniam, ut ait apostolus, omnes stabimus ante tribunal Christi recepturi, prout in corpore gessimus sive bonum fuerit sive malum, *oportet nos diem messionis extremæ misericordiæ operibus prævenire, ac æternorum intuitu semi-*

nare in terris quæ, reddente Domino cum multiplicato fructu recolligere debeamus in cœlis, firmam spem fiduciamque tenentes quoniam qui parce seminat parce et metet, et qui seminat in benedictionibus de benedictionibus et metet in vitam æternam.

Cum itaque, sicut dilectus filius, magister Milo, scriptor noster, foris-decanus Ecclesiæ Brivatensis, ad Romanam Ecclesiam nullo medio pertinentis, Claromontensis diœcesis, nobis exposuit, Capitulum ipsius ecclesiæ illam inceperit structura nobili ampliare, et ad tanti operis consummationem fidelium indigeant subsidiis adjuvari, Universitatem vestram rogamus, monemus et hortamur attente, in remissionem vobis peccaminum injungentes quatenus de bonis vobis collatis a Deo pias eleemosynas et charitatis subsidia erogetis, ut per subventionem vestram ecclesia ipsa consummari valeat, et vos per hæc et alia bona quæ Domino inspirante faceretis ad œternœ possitis felicitatis gaudia pervenire.

Nos enim de omnipotentis Dei misericordia et Beatorum Petri et Pauli apostolorum ejus auctoritate confisi omnibus vere pœnitentibus et confessis qui, ad prœdictæ consummationem ecclesiæ, manum porrexerint adjutricem, centum dies de injuncta sibi pœnitentia misericorditer relaxamus, præsentibus post quinquenium minime valituris, quas mitti per quœstuarios districtius prohibemus, eas si secus actum fuerit carere viribus decernentes.

Datum Anagniæ, quinta Idib. Aug. Pontif. nostri ann. v°.

Alexandre, Evêque, Serviteur des serviteurs de Dieu, à tous les Fidèles de Jésus-Christ auxquels les présentes lettres parviendront, salut et bénédiction apostoliques.

Comme ainsi que le dit l'Apôtre, *nous paraîtrons tous un jour au tribunal de Jésus-Christ*, pour y recevoir notre récompense ou notre châtiment selon que nous aurons fait ici-bas le bien ou le mal; il nous importe de nous préparer au jour de la dernière moisson par des œuvres de miséricorde, et, en vue de l'éternité, semer sur la terre ce que le Seigneur nous rendra avec usure dans le Ciel; bien persuadés que *celui qui sème peu ne recueillera que peu, et que celui qui sème abondamment recueillera aussi d'abondantes récoltes pour la vie éternelle.*

En conséquence, comme notre cher fils, maître Milon, notre secrétaire, for-doyen de l'Eglise de Brioude, sujète immédiate de l'Eglise Romaine et du diocèse de Clermont, nous a exposé que le Chapitre de cette église a entrepris de la faire agrandir par une construction grandiose, et que, pour terminer un aussi grand ouvrage, il sera obligé d'avoir recours à la générosité des Fidèles, nous vous prions, vous avertissons et vous exhortons instamment en vous enjoignant que, dans le but d'obtenir le pardon de vos péchés, vous fassiez, aux dépens des biens que Dieu vous a donnés, de pieuses aumônes et des œuvres charitables, afin que, grâce à votre coopération, la susdite église puisse être complètement achevée; et que vous, par vos charités et autres bonnes œuvres que le Seigneur vous inspirera, vous puissiez mériter les joies du bonheur éternel.

Nous donc, plein de confiance en la miséricorde de Dieu, et fort de l'autorité des Bienheureux Apôtres Pierre et Paul, nous remettons à tous les vrais pénitents et confessés qui coopéreront, par leurs aumônes ou de toute autre manière, à l'achèvement de cette église, cent jours de la pénitence qui leur aurait été imposée (autrement dit : cent jours d'indulgence), en vertu de ces lettres qui ne vaudront que pour cinq ans, et que nous défendons, sous peine de nullité, de faire transmettre par ceux qui quêteront (pour cette construction).

Donné à Anagni le 5e des Ides du mois d'août, et la 5e année de notre Pontificat. (9 août 1259.)

Les historiens et les archéologues qui ont parlé de la basilique de Saint-Julien de Brioude, n'ont pu indiquer la date précise de sa construction ou restauration, après que l'église romane, élevée par Bérenger sur les ruines de la basilique gallo-romaine qui fut brûlée par les Sarrazins, en 731, et terminée par Guillaume le Pieux à la fin du IXe siècle, ait à son tour été renversée, détruite, par les normands probablement.

Comme date de cette fondation, les auteurs de la *Gallia Christiana* ont donné la fin du XIe siècle; M. Viollet le Duc indique la fin du XIe et le commencement du XIIe, disant dans un autre passage que le chœur fut entièrement reconstruit en 1240; ailleurs qu'elle est postérieure de 50 ans à l'église de Notre-Dame du Port à Clermont-Ferrand (ce qui est contradictoire), ne pourrait s'appliquer dans tous les cas qu'à certaines parties de l'édifice, qui pas plus que Paris n'a été fait en un jour.

MM. Mérimée et Dideron, qui ont le mieux étudié le monument dans son ensemble et ses détails, l'ont dit du XIIe siècle, d'après son style, caractérisé par son mélange d'arcades ogivales à larges bases et d'arcades à plein cintre, ses piliers carrés à colonnes engagées, ornées de chapiteaux historiés, à feuilles d'acanthe et à feuilles de nos forêts, ses trois nefs d'inégales hauteurs, les mosaïques de son chevet rayonnant, les antéfixes de ses toits, les archivoltes de ses ouvertures cintrées.

Tous sont d'accord pour reconnaître, affirmer que par son architecture, son ornementation, la basilique de Saint-Julien est le produit de ce beau style byzantin, appelé de transition, qui précède le style gothique ou pour mieux dire, ogival, que la France reçoit du nord dans le XIIIe siècle, où s'élancèrent dans les nues, toutes brodées d'arabesques, constellées de statues, avec leurs hautes flèches à jour, leurs clochetons de guipures, leurs colonnades minces, aux chapitaux couronnés de feuilles de chêne, tant de magnifiques cathédrales, qu'on admirera toujours, alors que la foi religieuse qui les a créées aura disparu.

A défaut de textes précis indiquant la date des constructions de notre église, c'était bien au XIIe siècle que la dernière devait être rapportée. Il n'en peut plus être ainsi depuis la découverte de la bulle d'Alexandre IV, qui recule de cent ans l'époque où a été commencée et terminée la basilique byzantine existant aujourd'hui, avec des restaurations plus ou moins récentes dont l'origine est bien connue.

Par cette bulle, donnée dans la 5e année de son pontificat, le pape annonce qu'ayant appris de son secrétaire Milon, for-doyen de l'église de Brioude, *que le chapitre de ladite église* aurait entrepris de l'agrandir considérablement (ou par une construction grandiose, *inceperit structura nobili ampliare)*, il sera obligé, pour terminer une aussi grande œuvre, d'avoir recours à la générosité des fidèles.

Or, le pape Alexandre IV a occupé le siège pontifical de 1254 à 1265. C'est en 1259 qu'il a donné sa bulle. Milon était for-doyen du chapitre de Brioude, dès 1256. Si le Chapitre de Brioude avait commencé avant cette époque, d'entreprendre sans avoir les ressources suffisantes, les constructions importantes qui étaient nécessaires à l'agrandissement de la basilique qu'il voulait élever, ce n'est certainement pas avant le commencement du XIVe siècle que l'œuvre a pu être terminée. Quand on sait que la cathédrale d'Ulm n'a pu être achevée qu'en cinq cents ans; que jusqu'au milieu de notre siècle la cathédrale de Cologne a gardé la grue des vieux maçons sur la plate-forme où devait être posée sa flèche; que de nos jours, la fameuse église du Sacré-Cœur, plantée par la réaction sur les Buttes-Montmartre, aura, malgré les millions dépensés, demandé trente années de travail, on peut certifier qu'au moyen-âge, un édifice de la grandeur de notre église, n'a pu être commencé et terminé que dans une période dépassant cinquante ans. C'est dans tous les cas sous le règne de Philippe IV, dit *le Bel*, qui a régné de 1285 à 1314, que la basilique actuelle a pris son plus grand développement.

Ce qui confirmerait cette opinion, c'est que la façade occidentale de l'église est purement romane, le chevet purement byzantin ; le milieu, c'est-à-dire les nefs dont celle du milieu a une voûte purement ogivale qui a éte commencée ou faite dans le XIVe siècle, appartient au style de transition. C'est du reste à cette époque qu'on a généralement fait remonter les peintures à fresque de la chapelle St-Michel, située dans la partie de l'église qui peut être considérée comme celle appartenant à la basilique de Bérenger et qu'on a alors agrandie.

Comment le style gothique, qui au XIIIe siècle règne en souverain dans l'architecture catholique, n'a-il pas remplacé le style byzantin du XIIe siècle dans la basilique de Brioude? C'est, ainsi que nous l'avons dit ailleurs, parce que les plans de cette restauration avaient probablement été faits lorsque ce style était dans tout son éclat. C'est surtout parce que le gothique, qui n'a jamais pénétré dans l'Italie, ne s'est point acclimaté dans l'Auvergne. Il ne s'y est guère montré que dans le XIVe siècle et n'a laissé que deux édifices religieux remarquables, la cathédrale de Clermont et La Chaise-Dieu, à côté desquelles sont restées debout les églises romanes ou byzantines de Notre-Dame-du-Port, d'Issoire, de Brioude et autres, à qui, dans nos communes, celles-ci ont servi de type, de manière même à ce que certains archéologues ont attribué à l'Auvergne une architecture spéciale.

L'inscription sculptée sur un des chapiteaux de notre église, et que nous avons été le premier à faire connaître, avait fait espérer que, déchiffrée, elle donnerait la date de la construction et le nom de l'architecte de cet édifice. Il n'en a rien été.

Cette inscription, on le sait, est ainsi écrite :

MILE ÆR | ·TIFEX
SERI·R·P$_{S}$ | $_{I}$T/,$_{P}$ R^{I} $\dot{}^{S}_{V}$ V$_{PA}$

On lisait facilement : *Mile artifex scri*, qu'à première vue on devait traduire par *Milé, ouvrier a tracé le plan (scripsit)*. Seulement il paraissait admis qu'avant le XIIIe siècle aucun architecte n'avait laissé son nom sur son œuvre ; ce n'est qu'en 1257 qu'on en trouve le premier exemple, ce qui n'est pas une raison, d'ailleurs, pour que le contraire ne se soit pas produit quelquefois. Je dus renoncer à cette traduction, l'édifice étant regardé comme du XIIe siècle au plus.

D'autres traductions ou interprétations furent alors données par des épigraphistes amateurs ou fantaisistes, qui y découvrirent des sentences religieuses, ajoutant aux lettres qui s'y trouvaient, quand ils ne les changeaient pas, les lettres qui étaient nécessaires pour donner le sens qu'ils y voyaient.

L'abbé Gibert, curé de Javaugues, a lu ainsi l'inscription : *Mile artifex serpens invidia ruinam paravit sive prius superbia.* Il l'a traduite de cette manière : *Le serpent aux mille ruses artificieuses a par son envie* ou plutôt *par son orgueil causé la ruine.*

L'abbé Müller, chanoine de Senlis, a trouvé : *Mile artifex sacrario posuit pretii syphora ; l'artiste Milé (*ou *un chevalier intelligent) a placé au fond du sanctuaire des tentures de prix.*

Plus récemment enfin, M. Robert de Lasteyrie, membre de l'institut et professeur à l'Ecole des Chartes, à qui, par l'entremise de son parent, M. Edmond de Lafayette, sénateur, nous avions envoyé le *fac-simile* en terre de l'inscription, a donné avec l'autorité, la compétence, qu'on devait attendre de lui, une explication basée sur sa similitude avec une autre inscription de l'église de Notre-Dame-du-Port à Clermont, et sur certains textes qu'il a recueillis dans d'anciens manuscrits. C'est par un mémoire lu par lui à l'Académie des Inscriptions et Belles-Lettres qu'il a fait connaître son opinion, ainsi formulée, d'après un compte-rendu publié par plusieurs journaux :

« Les personnages figurés sur le chapiteau sont deux démons et un usurier damné. Les péchés de celui-ci sont écrits sur un livre dressé par les soins du diable, pour être produit au jugement dernier. L'inscription doit être ainsi lue :

» *Mileartifex scripsit tu peristi usura : le diable a écrit, tu périras par l'usure.* »

M. de Lasteyrie n'ayant pas connaissance alors de la bulle d'Alexandre IV et des détails du chapiteau historié sur lequel est l'inscription, avait des motifs sérieux, étant admis que l'église était du XIIme siècle, pour lire et interpréter, comme il l'a fait, l'inscription-énigme qui cette fois se comprenait. Il y avait à objecter que si dans le moyen-âge le diable était appelé quelquefois l'*auteur de mille artifices, mileartifex*, trois lettres dans son texte n'étaient pas expliquées : l'R entre l'I et le P, l'I, avant le V, transformé en T, enfin le P devant l'A de la fin, transformé en R ; et puis, que sur le chapiteau où est l'inscription il y a trois diables avec ailes et cornes, mais pas d'usurier ni de personnage emporté en enfer.

Toutefois, n'ayant jamais appris à lire les anciens manuscrits, à déchiffrer les épigraphes, et n'ayant pas vu le chapiteau de Notre-Dame-du-Port, nous ignorions quelle était la valeur des points, des grandes et petites lettres mêlées, les formules usitées pour les abréviations, les licences gothiques permises; et à première vue, nous inspirant de la bulle du pape et de l'interprétation du membre de l'Institut, nous avions hasardé cette version : *Milo scriptor pontificis et Alexander IV, pontifex, pro ritus* (ou *pro pretii*) *usura : Milon, secrétaire du pape, et Alexandre IV, pape, pour l'usage du rite* (ou *pour le prêt d'argent sans intérêt*).

Nous avons bientôt reconnu que cette version était tirée par les cheveux presque autant que celle des abbés, les mots y étant embrouillés de manière à ce qu'on ne s'y reconnût pas, surtout si l'A et l'R accouplés *A*R ne constituaient pas l'anagramme d'*Alexander;* de plus, la dernière ligne finissait par PA, non par RA, dernière syllabe d'*usura.* Jamais, du reste, les noms d'un chanoine et d'un pape, mêmes bienfaiteurs de l'église, n'ont été conservés par des inscriptions de ce genre.

Nous nous sommes empressé d'adresser à M. de Lasteyrie une copie en latin et en français de la bulle de 1259, et une photographie du chapiteau entier où l'on voit les trois personnages, tels qu'ils sont. Le mémoire qu'il fait imprimer pour exposer les motifs de son interprétation de l'inscription, n'a pas encore paru.

Pour le moment, ne sachant pas si ces documents ont pu modifier son opinion, ou quelle réponse il a faite aux objections qui lui ont été présentées, nous venons une dernière fois donner le mot de cette inscription, que nous cherchons empiriquement, sans données scientifiques, comme une énigme à deviner. Voici le texte et la traduction qui nous paraissent acceptables :

Mile artifex scriptor. Regnans Philippus IV, primus urbis papa : Milé, architecte, régnant Philippe IV, premier dignitaire ecclésiastique de la ville (mot à mot *ouvrier* qui a tracé le plan, expression synonyme de celle d'*architecte*, mais plus modeste et probablement usitée alors).

Nous nous basons sur ces considérations : La grande restauration ou construction de la basilique actuellement existante ayant été faite, vu la bulle d'Alexandre IV, sous le règne de Philippe IV, dit le Bel, il est naturel, logique et même traditionnel, que le nom du roi régnant soit rappelé par une inscription, dans les murs d'un monument construit sous son règne. Philippe le Bel est en outre un des rois qui ont donné le plus de marques de sympathie au Chapitre de Brioude. En 1304, il adresse des lettres patentes par lesquelles il ordonne qu'il ne faut pas que la nouvelle monnaie du prince fasse aucun tort ni préjudice à celle du Chapitre, à laquelle les officiers du prince ne peuvent porter aucune atteinte. En 1302, il dispense le chapitre de payer des droits de mutation et d'échange pour toutes ses terres de l'église. Il est dès lors facile de comprendre que le Chapitre ait fait ajouter à son nom cette qualification : *primus urbis papa.*

D'après la charte de Louis le Débonnaire, le roi de France était le premier chanoine du Chapitre, qui était le seigneur spirituel et temporel de la ville de Brioude. Les rois qui visitaient Brioude, étaient revêtus des ornements épiscopaux que portaient les dignitaires de ce Chapitre, qui lui rendait alors dans l'église l'hommage auquel il avait droit. Le mot *papa*, signifiant également *père* et *dignitaire ecclésiastique*, était bien celui qui devait être employé dans une épigraphe signifiant en abrégé seigneur spirituel et temporel. L'accolade du petit P au grand V est encore un indice de la corrélation existant entre les deux mots *urbis* et *papa.* De même, dans le IV, indiquant qu'il s'agit de Philippe IV, et qui est séparé de la seconde moitié de phrase par une virgule qu'on ne retrouve pas ailleurs, le signe V doit être pris avec assez de vraisemblance, non pour la lettre V, écrite de la même manière en gothique que la lettre U et le chiffre 5, mais pour ce dernier chiffre.

D'autre part, il serait difficile de trouver un mot commençant ou finissant par *pa* (excepté *pater* peut-être), qui puisse avoir sa place dans l'inscription dont les dernières lettres sont sVPA, qui en français se traduit par *vin cuit,* ou *upupa* (oiseau huppé), *culpa* (faute).

Enfin, depuis le XIIIe siècle, les architectes ont, comme ceux des cathédrales d'Anvers, de Cologne, de Strasbourg, qui sont connus, gravé leur nom sur les monuments religieux qu'ils élevaient. Le mot *Milé* peut donc être considéré sans peine comme le nom de l'architecte de notre basilique; et quand on sait que le chanoine qui obtint du pape dont il était le secrétaire, la bulle donnant des indulgences pour la construction de l'église, s'appelait Milo, on peut constater par la similitude de ce nom avec celui de *Mile* (se prononçant *Milé*), que le second est un nom de personne de l'époque, comme le premier.

Nous ferons dans tous les cas connaître le dernier mot de l'interprétation donnée, avec les preuves à l'appui, quand nous les aurons sous les yeux, par l'éminent membre de l'Institut, qui, ayant résolu scientifiquement le problême, apprendra pourquoi mon explication ne peut être accueillie.

Pour en terminer avec ce qui touche aux inscriptions, nous allons dire un mot de celles qui se trouvent sur les médaillons en bronze dont sont ornés les portes du portique sud de notre église, médaillons sur lesquels sont sculptées en haut relief des têtes d'hommes, ayant à la bouche l'anneau que devait prendre avec la main celui qui venait demander le droit d'asile dans l'église. Ces inscriptions sont en latin aussi, mais écrites en toutes lettres, sauf le mot *spiritus*, écrit *sps.* de sorte que ce sont des latinistes plutôt que des épigraphistes qui sont appelés à les traduire ; les voici :

Orior examinis : vitam dat sps oris.
Illecebris oris captos fallax trahit orbis.

elles ont été traduites ainsi : je nais en état de mort : le souffle de la bouche donne la vie.

Ceux qui sont captivés par les attraits du visage, le monde trompeur les entraîne à leur perte.

La première partie de la première inscription dont les lettres ne sont pas très régulièrement espacées, a été lue *orio rex animis*, et traduites : Orion (nom, a-t-on dit, donné dans le moyen-âge à Jésus-Christ) roi aux âmes. Cette dernière traduction, par plusieurs motifs inutiles à indiquer, paraît inadmissible ; les autres ne nous semblent pas devoir être adoptées sans modification. Au point de vue mystique même où se sont placés les traducteurs, dont on dit si souvent *traductores-tradittores*, elles n'ont aucun sens, et le mot *oris* qui se trouve sur les deux inscriptions, ne peut signifier en même temps sur l'une, *bouche*, sur l'autre, *visage*.

Nous croyons que ce sont deux sentences morales, qui ont été gravées sur les deux médaillons, en ces termes : « je viens au monde inanimé ; la parole me donne la vie. » (parole, mot à mot souffle de la bouche); « le monde trompeur entraîne à leur ruine ceux qui sont séduits par les charmes de la parole. » autrement dit : il y a la parole de vie et la parole de mort, ou la parole donne la vie et donne la mort.

Ce serait une variante, donnée par le moyen-âge, de la moralité de cet apologue du fabuliste grec, Esope, disant que » *la langue est ce qu'il y a de mieux et ce qu'il y a de pire,* » dont notre bon Lafontaine la trouvant mauvaise, a dit humoristiquement :

Arrière ceux dont la bouche
Souffle le chaud et le froid.

Sous l'une des inscriptions, dont les médaillons, par l'usage auquel ils étaient destinés, appartiennent aux plus anciennes parties de l'édifice, on lit : *Geraldus ou Géralus me fecit.* Ce qui montre encore que de tous temps les ouvriers ont signé leurs œuvres.

Quoi qu'il en soit, après comme avant cette notice, que nous croyons devoir publier en l'an de grâce 1890, pour rectifier, compléter les chapitres consacrés à notre basilique, dans nos *mémoires* et nos *notices*, on peut dire en latin, puisqu'il s'agit de latin, : *et ad huc sub judice lis est.*

Amédée St-Ferréol.

LISTE

Des Députés ou Représentants

DU COMTÉ, DISTRICT OU ARRONDISSEMENT DE BRIOUDE, ET DU VELAY OU ARRONDISSEMENTS DU PUY ET D'YSSINGEAUX

AUX ASSEMBLÉES NATIONALES

Etats-Généraux

1356 (Paris, Etienne Marcel). — Pas de représentants connus.

1484 (Tours). — Sénéchaussée du Puy : Claude-Armand vicomte de Polignac, de la maison de Chalencon.

1560 (Orléans). — Pierre Rousoux, de Brioude ; Michel de l'Hospital.

1561 (Pontoise et St-Germain-en-Laye). — Pierre Louzou, de Brioude, probablement le même que le précédent, dont le nom a été écrit de deux manières différentes.

1561 (Blois). — Sénéchaussée du Velay : pour le clergé, Antoine de Sennectère; pour la noblesse, Louis-Armand vicomte de Polignac; pour le tiers-état, Guy Burdel ou Burel dit Irail, Guy Delique, bourgeois, consul du Puy.

Comté de Brioude : tiers-état, Guérin Faradèche, bourgeois de Brioude, et Pinodon, de Langeac.

1588. — Députés du Velay inconnus. Tiers-état : Costet, de Langeac, délégué par les états d'Auvergne où avaient été delégués Malapeyre, de Brioude, et Vidal Martinon, consul de Langeac.

1614 (Paris). — Sénéchaussée du Puy : noblesse, Gaspard Armand, vicomte de Polignac; tiers-état, Jean Vitalis, médecin, premier consul du Puy, sieur Hugues de Filère, seigneur de Bornette, lieutenant principal en la sénéchaussée du Puy.

Brioude : P. Bellet ; Clermont : Savaron.

Assemblée des notables

1787 (Paris). — La liste fixée par le roi portait 144 noms parmi lesquels se trouvaient, pour le Puy et Brioude : Jourde de Vaux, maréchal de France ; Roch-Yves du Mottier, marquis de Lafayette ; Mgr Marie-Joseph de Galard de Terraube, évêque du Puy. A la suite de cette réunion furent convoqués les Etats-Généraux.

Etats-Généraux et Constituante

1789. — (Sénéchaussée et baillage du Puy) Pour le clergé : Privat, curé de Craponne ; noblesse : de Latour-Maubourg ; tiers-état : Bonnet de Treyches, lieutenant général, juge-mage au Puy, F.-Régis-Benoît Richon, avocat au Puy.

(Brioude, sénéchaussée de Riom) Clergé : de la Bastide, curé de Paulhaguet, remplacé, après avoir donné sa démission, par dom Gerle, des environs de Jumeaux ; noblesse : le marquis de Lafayette ; tiers-état : Branche, avocat, de Paulhaguet, Grenier d'Azinière, arrondissement de Brioude.

Assemblée Législative

1791. — Laurent, avocat au Puy : Reynaud de Bonnassieu, maire du Puy ; Lagrevol, juge au tribunal d'Yssingeaux ; Delcher, homme de loi (de Brioude) ; Rongier (de Flaghac, près Brioude) ; Hilaire Latourette, homme de loi (du Monastier) ; Jamon, ex-procureur du roi (de la viguerie de Montfaucon).

Convention Nationale

1792. — Bonnet de Treyches, fils du constituant (le Puy) ; Raynaud, de la Législative ; Delcher, id. ; Rongier, id. ; Camus, ex-constituant, avocat à Paris ; Lanthenas, médecin à Paris ; Faure, homme de loi (Yssingeaux).

Suppléants : Liogier de Pieyres (d'Yssingeaux) ; Boulangier (de Saugues) ; Vauzelles (de Brioude) ;

André Barthélemy, homme de loi au Puy; Lemoyne de Vernoux (Dunières); Bardy de Versezac, homme de loi (Auzon).

Lanthenas ayant opté pour un autre département, fut remplacé par Barthélemy; Rongier, après sa démission, par Lemoyne. Aux élections complémentaires décrétées par la Convention, le 5 floréal an III, et qui eurent lieu par un tirage au sort entre les suppléants nommés en même temps que les députés, Bardy, suppléant, devint député.

DIRECTOIRE

Cinq Cents

De l'an IV à l'an VIII. — Bonnet de Treyches, ex-conventionnel, Barthélemy, id.; Camus, id.; Lemoyne, id.; Borne (de Pradelles); Gallet, homme de loi (Craponne); Croze (Brioude); Dupeloux, propriétaire (St-Romain-Lachamp); Belmont, notaire (Brioude); Richond, de Vialle.

Après fructidor, Vauzelles (de Brioude), Borel-Vernière, id., Belmont, notaire, id., Portal, ex-prêtre (Craponne), remplacèrent Croze, Gallet, Dupeloux, Borne, dont les élections furent cassées. Borne fut en outre compris dans la liste des fructidorisés, mais ne quitta point la France.

Conseil des anciens

Même période. — Faure, conventionnel; Delcher, id.; Boudinhon.

Tribunat et Corps législatif

De l'an VIII à 1816. — Le marquis de Latour-Maubourg; Bonnet de Treyches; Besqueut, banquier du Puy; Lemore Lafaye (d'Yssingeaux); Grenier, avocat à Brioude, qui fut ensuite tribun, plus tard pair de France, comme le fut aussi Dupuy, de Brioude, qui avait été sénateur sous l'empire.

Chambre des Cent jours

1814. — Georges Lafayette fils; Le général Mouton-Duvernet; Bonne-Chevant, de Brioude; Bonnet de Treyches fils, Dugonne, maire du Puy.

RESTAURATION

Chambre introuvable

1815. — Comte Armand de Polignac; comte Palamède de Macheco; Sagniard de Chaumouroux: Chabron de Solilhac.

Législatures successives : grand et petit collège

1816 à 1829. — Chabron de Solilhac; Chevalier Lemore; Calemard de Lafayette, procureur du roi au Puy; Chabalier, négociant au Puy; Bertrand Joseph, banquier au Puy.

Chambre des 221

1830. — Berryer; Bertrand Joseph; Chevalier Lemore.

MONARCHIE DE JUILLET

1830 à 1848. — Georges Lafayette, qui donna sa démission et fut remplacé par Mallye, juge de paix à Brioude; le marquis de Lafressange.

1834.— Richond des Brus, médecin au Puy, petit-fils du conventionnel; Frédéric Salveton, de Brioude, avocat général à la cour de Riom.

1839. — Mallye; Richond des Brus; Cuoq.

RÉPUBLIQUE DE FÉVRIER

(Suffrage universel — Scrutin de liste)

1848. — Badon, maire du Puy: Breymand Auguste, propriétaire au Puy; Charbonnel, ancien officier (Monistrol); Edmond de Lafayette, avocat; Laurent, avocat au Puy; Lagrevol, avocat à Yssingeaux; Grellet fils, avocat à Riom; Avond Auguste (de Paulhaguet), avocat à Paris; général Rullière, en remplacement de Charbonnel, tué sur les barricades.

Assemblée législative

1849. — Breymand; St-Ferréol Amédée; Chouvy, propriétaire au Puy; Chovelon Claude, propriétaire à St-Pal-en-Chalencon; Jules Maigne, homme de lettres, de Brioude; Monnier J.-B., propriétaire au Puy. Maigne Francisque (de Brioude), médecin à Blesle, remplaça son frère, Jules, condamné pour les affaires du 13 juin.

EMPIRE

(Scrutin par circonscription)

1852 à 1871. — Candidats officiels : le marquis de Latour-Maubourg ; le baron de Romeuf, remplacé en 1869, par Léonce Guyot-Montpayroux (de Brioude).

RÉPUBLIQUE DE SEPTEMBRE

(Scrutin de liste)

1871 (Assemblée nationale de Versailles). — Vinay, maire du Puy : le baron de Flaghac, propriétaire ; Malartre, industriel (Dunières) ; le général de Chabron (Monistrol); le baron de Vinols, propriétaire ; Calemard de Lafayette, propriétaire.

Sénat

De 1876 à 1890. — Le général de Chabron (inamovible) ; Edmond de Lafayette ; Jacotin, avoué (du Puy), et après sa démission, en 1878, Ernest Vissaguet, avocat au Puy.

Chambre des Députés

(Scrutin d'arrondissement)

1876. — Vissaguet Ernest ; Jules Maigne ; Guyot-Montpayroux ; Malartre.

1877. — Jules Maigne ; Guyot-Montpayroux ; Morel, maire du Puy ; Binachon (St-Didier-la-Séauve).

1881. — Jules Maigne ; Jouve (Craponne) ; de Kergorlay ; Malartre.

(Scrutin de liste)

1885.— Amédée St-Ferréol, Binachon, Dupuy (Le Puy), Rumillet-Charretier (républicains) ; de La Batie, avocat au Puy, (réactionnaire).

(Scrutin d'arrondissement)

1889. — Jules Maigne, Dupuy (républicains) ; de Kergorlay, Malartre (réactionnaires).

10 mars 1891. — Clément Allemand, sénateur, en rémplacement de M. Edmond de Lafayette, décédé.

Préfets de la Haute-Loire

CONSULAT — PREMIER EMPIRE

MM. Lamothe (de Frugères-les-Mines) — de Sartines.

RESTAURATION

De Bastard — de Freslon.

MONARCHIE DE LOUIS-PHILIPPE

Dupuy-Escot — d'Imbert — de Matarel — Lagout — Hénaud — Pagès de Collonau — Chapuis d'Arnouville.

RÉPUBLIQUE DE FÉVRIER

Toussaint Bravard (commissaire) — Richard — Serrurier — Dubois — de Vidaillant.

2e EMPIRE

Girard de Villesaison — de Vougy — de Chèvremont — Emile Paul — Paul de Rostang — Demonts — de St-Poncy.

RÉPUBLIQUE DE SEPTEMBRE

Behaghel — Lefort — de Sinety (*f. f.* secrétaire général) de Champagnac — de Malartic — de Revel du Perron — Labordère — de Nervo — Labordère — Assiot — de Lamer — Allain-Targé — Reibell — Hélitas.

Sous-Préfets de Brioude

CONSULAT — EMPIRE

Grenier (d'Azinière) — Croze père.

PREMIÈRE RESTAURATION

De Drée.

CENT-JOURS

Huguet.

SECONDE RESTAURATION

Borne.

RÉPUBLIQUE DE FÉVRIER

Amédée St-Ferréol (sous-commissaire) — Breau — Tony Rochette.

2e EMPIRE

Tony Rochette — Aimé de Champvans — Vidal de Léry — Dorville — Baudelocque — Richard.

RÉPUBLIQUE DE SEPTEMBRE

Marsal — Mauras — Bellot des Minières — de Ferry — St-Marc Langlade — Habeneck — Vaussanges — Jacquemont — Barry — Mayer — Mirande.

TRIBUNAL DE COMMERCE

La juridiction commerciale fut créée à Brioude par édit du 27 juillet 1705. L'élection des juges consulaires fut faite, la première fois, par le maire, les échevins et les notables commerçants.

Le tribunal était composé de trois notables commerçants et un huissier. Les premiers juges consulaires furent les notables commerçants Vairon Guillaume, juge, premier consul, Vauzelles, deuxième, Expigoux. Les juges ou présidents et les deux consuls étaient nommés tous les ans et rééligibles après un temps plus ou moins long, et la plupart souvent réélus.

Juges ou Présidents

DEPUIS 1705 JUSQU'A LA PREMIÈRE RÉPUBLIQUE

Guillaume Vairon — Expigoux — Déjax — Besson — Bonet de Bruxelle — Planche — Alluys — Roux — Guithou — Martinon — Bompard — Facy — Vairon fils — Nozerine — Grenier — Pichot — Maric — Pelon — Callié — Berthier — Marin — Dalbine père — Pierre Meug — Chinaud — Fabre — Maigne — de Reyroles — Maigne père — Cousserand — Vauzelles — Magaud — Pascon Gueyffier.

DE 1792 A 1890

Election tous les trois ans au moins — un président, trois juges et quatre suppléants.

Vauzelle père — Nozerine — Caillé — Cousserand — Borel-Vernière — Grenier-Dussuc — Mosnier aîné — Long — Pradier-Delcher — Berthier — Denier-Bertrand — Boyou — Pradier-Faurot — Brosson aîné — Esculier — Beraud Amable.

Les élections, faites dans le principe par les notables commerçants, le sont maintenant par tous les patentés. Les président et juges sont élus pour deux ans, mais sont rééligibles pour deux ans encore.

TRIBUNAL D'ÉLECTION, DE DISTRICT, D'ARRONDISSENENT

Présidents

MONARCHIE (élection)

Croze-Montbrizet.

RÉPUBLIQUE

Croze-Montbrizet — Grenier — Roux, avoué — Pierre Dalbine.

EMPIRE

Montfleury — Delcher — Dalbine.

RESTAURATION

Dalbine — Pascon.

MONARCHIE DE JUILLET

Mallye père — Thomas-Delcher.

SECOND EMPIRE

Thomas-Delcher — Bertrand — de Castelli — Delalo.

RÉPUBLIQUE DE SEPTEMBRE

Delalo — Lebreton — Felgère — Cluzel.

Maires de la ville de Brioude

Depuis 1789

Les maires en titre et en nom sont désignés par la lettre *m.*; ceux qui en ont rempli les fonctions comme présidents des commissions municipales, en vertu de la constitution de l'an III, par la lettre *p.* Les présidents des commissions remplaçant les conseils municipaux, par les lettres *p. f. f.* Les suppléants chargés de l'administration dans les intervalles où il n'y a pas de maire nommé, par les lettres *f. f.*

RÉPUBLIQUE

m. Belamy-Dubreuil, 1789. — Gueyffier-Longpré, 1792. — Bonne André père, conseiller général des fermes, 1793-1794.

DIRECTOIRE

p. Croze-Montfleury, médecin, 1795. — Belmont, notaire, 1795 à 1798. — Grenier, notaire, 1798. — Salveton Claude, 1799. — Gueyffier-Longpré, 1800. — Julien Dejax, 1800. — *m.* Dalbine Pierre, ancien avocat, 1800.

CONSULAT — EMPIRE

m. Croze-Montfleury, 1800 à 1802. — Pierre Martinon St-Ferréol, de 1802 à 1815.

EMPIRE ET RESTAURATION

m. Pierre Martinon St-Ferréol, ancien avocat, 1815 à 1817. — Gueffier-Talayrat (baron), 1817 à 1823.

f. f. Marret, médecin, 1823. — *m.* id., 1824 à 1830.

MONARCHIE DE LOUIS-PHILIPPE

m. Salveton Claude, avocat, 1830 à 1834.

f. f. Bagès, avoué, adjoint, 1834. — Vernière-Rochette, adjoint, 1835.

m. Paul Maigne, avocat, 1836 à 1840. — Gueyffier-Talayrat, 1840 à 1848.

RÉVOLUTION DE FÉVRIER

f. f. Commission républicaine, Joseph Thomas-Delcher, 1848. — Jules Maigne, professeur, id. — Jules Faugères, id.

m. Cheminard-Balthazard, libraire, 1849.

f. f. (conseil dissous), Cheminard, 1849. — Mérie-Virat, boucher, id.

m. Charles Vidal, avoué, à 1851.

EMPIRE

p. f. f. (commission du coup d'état), Andrieux, médecin, 1851.

m. Andrieux, médecin, 1852 à 1857. — Gaubert Pierre, ancien principal, 1857 à 1868. — Couguet Eugène, juge honoraire, 1868 à 1870.

RÉPUBLIQUE DE SEPTEMRE

p. f. f. (commission républicaine), Amédée St-Ferréol, 1870.

f. f. (commission réactionnaire), Eugène Couguet, 1871.

f. f. (intérim), Beraud Amable, id.

m. Amédée St-Ferréol, id.

f. f. Mérie-Allary, id.

(Commission prise en dehors du conseil). *p.* Pradier-Faurot, 1872 à 1874. — *m.* pris en dehors du conseil, id., 1874 à 1876.

f. f. Marsal Arthur, avocat, 1876. — Mérie-Allary, id.— St-Ferréol Amédée, id. — Petit Claude, clerc d'avoué, 1877. Dollo, commis de la sous-préfecture, 1878. — Amédée St-Ferréol, id. — Petit Claude, id.

m. A. St-Ferréol, 1879 à 1885. — Arthur Marsal, 1885 à 1887. — Esculier, 1887 à 1888. — Devins, médecin, 1888.

Chefs de Parquets

Appelés procureurs du roi sous la monarchie, accusateurs publics sous la Convention, commissaires du gouvernement sous le Directoire et le Consulat, procureur impérial sous l'Empire, procureurs de la République sous les deux secondes Républiques :

ANCIEN RÉGIME

Lagrange-Dupin, dernier bailli du chapitre (p. r. en l'élection).

CONVENTION

Charles-François-Joseph Pissis (a. p.).

DIRECTOIRE-CONSULAT

De Vauzelles — Croze (c. g.).

EMPIRE

Croze — Lagrange-Dupin (p. i.).

RESTAURATION

Lagrange-Dupin — de Mollye — de Fréminville — Gauthier de la Ferrière (p. r.).

MONARCHIE DE JUILLET

Verny — de Lussigny — Lesueur (p. r.).

RÉPUBLIQUE DE FÉVRIER

Lesueur — Letourneur — Rouffy (p. de la r.).

SECOND EMPIRE

Rouffy — Asséznt de Bouteyre — Welter — Vernière — Carmantrant de la Roussille — Picot (p. i).

RÉPUBLIQUE DE SEPTEMBRE

Picot — du Garay — Quercy — Compang — Lebbé — Marmoiton — Pacton (p. de la r.).

Votes plébiscitaires

Nous croyons devoir ajouter aux documents que nous avons donnés, sur les élections, les suivants, qui les complètent. Il est inutile de rappeler comment furent faites ces élections viciées par l'intimidation, la corruption, la fraude.

1848. — *Elections à la présidence de Louis-Napoléon.*

Cantons.	Louis-Napoléon.
Auzon	1,215
Blesle	938
Brioude	1,125
Langeac	1,305
La Chaise-Dieu	1,395
Lavoûte-Chilhac	1,301
Paulhaguet	1,940
Pinols	460
Total	10,302

Le nombre des abstentions fut considérable. Les voix qui se portèrent sur Cavaignac, Ledru-Rollin, Raspail, furent nombreuses.

Plébiscite qui fit l'Empire.

Le tableau qui se trouve t. III, p. 50, est incomplet ; il y manque Langeac ; il contient des chiffres qui doivent être rectifiés comme suit :

Arrondissements.	Inscrits.	Votants.	Oui.	Non.	Abstentions.
Le Puy	35,510	25,003	24,835	125	18,131
Brioude	22,027	17,149	17,132	35	(b. blancs)
Yssingeaux	21,731	16,486	16,560	17	88
Total	79,268	59,133	58,527	177	

DÉCEMBRE 1851				
Plébiscite qui approuva le coup d'Etat.			DÉCEMBRE 1852 *Plébiscite qui consacra l'Empire.*	

Votants : 17,042. — Abstentions : 5,000.

Cantons.	Oui.	Non.	Oui.	Non.
Auzon............	224	278 ...	2,669	9
Blesle............	993	114 ...	1,270	9
Brioude............	2,224	5 ...	3,239	28
Langeac............	1,988	214 ...	2,598	18
La Chaise-Dieu.....	2,571	9 ...	1,617	6
Lavoûte-Chilhac....	1,660	47 ...	2,130	»
Paulhaguet.........	2,250	42 ...	2,448	2
Pinols............	857	25 ...	1,062	1
Total......	12,767	1,751 ...	17,033	77

Première élection législative après le coup d'Etat.

CIRCONSCRIPTION DE BRIOUDE

Un seul candidat officiel : le baron de Romeuf.

Inscrits : 21,700. — Abstentions : 663.

Cantons.	Votants.		Romeuf.
Auzon..................	2,406	.....	2,373
Blesle..................	1,156	.....	1,139
Brioude.................	3,262	.....	3,095
L. Chaise-Dieu.........	1,400	.....	1,397
Langeac................	1,989	.....	1,945
Paulhaguet.............	2,881	.....	2,071
Lavoûte-Chilhac........	1,980	.....	1,779
Pinols..................	1,651	.....	1,062
Total...............	16,725	.....	13,864

Brioude (ville) avait donné 950 voix au baron Romeuf; 4 voix perdues.

La circonscription comprenant, avec l'arrondissement de Brioude, plusieurs cantons du Puy, avait eu 23,444 votants sur 23,631 inscrits.

Ordre Moral

Dans le chapitre consacré à la réaction du 16 mai, j'ai fait connaître l'arrêté du préfet Nervo, déclarant fermés tous les débits de boisson du département et demandant aux influences *locales*, les noms des débitants à qui de nouvelles permissions d'ouverture de cabarets et cafés pouvaient être accordées. Nous avons donné la lettre officielle du préfet à ces personnages influents. Ce sont les réponses de ceux-ci que je mets sous les yeux du public, les originaux, qui avaient été volontairement laissés dans ses bureaux par notre sous-préfet, furieux d'avoir été révoqué, ayant figuré dans les enquêtes ordonnées alors.

16 juillet 1875.

Monsieur le Sous-Préfet,

Nous sommes dans un moment où la vérité doit être soutenue et affirmée sans crainte comme sans faiblesse, et sur les renseignements que vous désirez, j'établis trois catégories :

1° Les sans reproches ; 2° ceux qui ont besoin de quelques recommandations ; 3° ceux qui nécessitent une surveillance plus énergique, plus suivie. En les classant par rang d'ordre, suivant leur mérite :

1re catégorie : Ligonie (à Saint-Vert) ; Pitiat, à Vergongheon ; Grenier, veuve Portal (Vézezoux) ; Maison, Servant (Auzon) ; Cavard Jean (Lubière) ; Nihiac Jean, Lhéritier et Belisson (Auzon).

2e catégorie : Chevalier (à Arrest) ; Gaugnes (à Sainte-Florine) ; Vidal.

3e catégorie : Gille (Sainte-Florine) ; Sabatier (Auzon) ; Redon (id.) ; Clémensat (Chassignoles) ; Boudon (Auzon).

Marchet, conseiller d'arrondissement.

Des nouvelles informations que j'ai prises, j'ai reçu l'assurance qu'il ne s'agissait point de questions politiques dans le café de Gille ; de la troisième catégorie, je le mets dans la deuxième.

17 juillet.

Lethuaire (Lempdes), doit figurer dans la 2e catégorie; Saint-Vert, 1re catégorie : Coudert Jean ; Cladière Jacques; Degeorge Jean ; F. Cartier ; A. Soule.

1re catégorie : Courtine, de Charmensat ; Chambe Jean; Guignabert-Besseyre ; Sabatier Pierre.

23 juillet.

1re catégorie : Méyal Jean ; Barthomeuf ; Caillet Alcide; Becherat Pierre, à Champagnac.

1re catégorie : Cussac Vital ; veuve Méyal (Frugières); Lhomenède Antoine (St-Hilaire) ; Rient ; Montgon (Lempdes) ; Nicoux (à Vézezoux).

25 juillet.

1re catégorie : Pécoil Jean (Frugières) ; Veisseyre-Boyer (Lempdes) ; Robert Antoine (Vergonghon).

2 août.

Poughon, quincailler ; Richard François, et Bernard Charles peuvent être portés dans la 1re catégorie ; Fournier Jacques (Saint-Vert), dans la 2e.

1re catégorie, sans reproches : Eustachon (Auzon); Boudet Jean (Vergongheon) ; Bardy Pierre (Ste-Florine) ; Pastural André (St-Hilaire) ; Vaine Gilbert (Lubières) ; Portanier Jean (Ste-Florine) ;

2e catégorie, surveillance : Chais Léon (Arvant) ;

1re catégorie : Sage Antoine, Chantel Antoine (Auzon) ; Bard Antoine (Rilhac); Ollier François (Auzon) ; Portal (Vézezoux) ; Gilbert Benoît (Azerat) ; Raynard Benoît (Agnat) ; A. Porte, Porte Jean, id. ; Pradon André (Lubière) ; V. Chanel (Ste-Florine) ; Freydefont Antoine, id. ; Lauby-Gallaud, id. ; Jean Bardy (St-Hilaire) ; Jamet François (Vézezoux) ; Lauby (Lempdes) ;

2e catégorie : Vidal André (Ste-Florine) ;

3e catégorie : Soule Pierre (Frugières).

MARCHET.

Blesle, du 15 au 17 août.

Recommandés par le juge de paix Francon : Robert (Grenier-Montgon) ; Thonat, F. Serre, Balhon Pierre, Lagarde Jean et Granet Pierre (d'Espalem) ; Viscomte

Pierre, veuve Jughon, Cressin, Chaussegros, Ferrier Jean, Servant-Lauby, veuve Bussac, née Vallon (Blesle); Gardy Jean, Borel Simon (Lorlange); veuve Chabrillat, de la commune de Chambezon, nous est inconnue, s'adresser à son maire, au maréchal des logis de la gendarmerie de Lempdes.

Ayant peu de débits, relativement aux autres, les débitants, dans ce canton purement agricole, ont donné peu de sujets de plainte.

Torsiac, 9 juillet.

Le Maire ne sait pas écrire. Toute la correspondance qu'il reçoit est lue par le secrétaire, qui est chargé d'y répondre. Entre nous, je trouve la chose très fâcheuse... La bonne volonté de notre Maire, homme très doux et de bon sens, se trouve paralysée par les idées trop souvent fausses de son secrétaire.

Je regrette, M. le Sous-Préfet, que ma première correspondance soit un blâme pour notre administration communale.

Château de Torsiac. A. de Carbone.

Brioude, 13 juillet 1877.

J'attends pour aujourd'hui ou demain la réponse de Fontannes; aussitôt que je l'aurai reçue, je m'empresserai de vous la communiquer.

Je vous envoie Yves Coutel, de Vieille-Brioude, qui désire avoir l'autorisation de continuer son débit. Je prends la liberté de vous priar de vouloir bien la lui accorder; en voici les motifs :

Cet homme ne passe pas pour un blanc dans sa commune, et il a même été nommé membre du Conseil municipal; mais à sa louange, voyant la manière dont agissait le Maire et son Conseil, il a donné sa démission et s'est détaché d'eux. De plus, ayant reçu un grand service de M. de Flaghac, transaction avec la régie pour une contravention, il lui est dévoué corps et âme, et se propose, s'il se présente, de lui obtenir un grand nombre de voix. Son auberge est le rendez-vous de tous les marchands de vin, et il est en grande relation avec toutes les communes qui longent l'Allier au-dessus de Vieille-Brioude, et il peut être très utile au parti de l'ordre.

Je crois qu'il est bon de s'assurer son concours; il prétend que si M. de Flaghac se porte, il aura les deux tiers des voix de Vieille-Brioude, et lui-même lui en vaudra beaucoup.

J'ai profité de l'entretien pour lui parler de son maire, qui est très avancé, et dont tous les honnêtes gens se plaignent. — Je lui ai demandé si dans le Conseil on ne trouverait pas un homme pour le remplacer, et voici ce qu'il m'a dit : je n'en vois que deux, Marcon et Chalchat. Le premier, qui était du parti avancé, a été ramené au parti de l'ordre par sa fille, religieuse à Saint-Joseph, à Brioude; le deuxième est un assez brave homme qui joue de l'ophycléïde à l'église, mais son élection paraîtrait peut-être un peu trop cléricale. Vous voyez qu'il y va avec la meilleure volonté du monde. Du reste, M. Chanson, avocat, et qui connaît Vieille-Brioude, pourra vous renseigner sur les deux individus. Mais je crois qu'il est urgent de changer le premier; il est dirigé par son secrétaire, ancien instituteur, qui est très mauvais. Il serait donc temps que leur influence cessât. Ils ont cherché à détruire l'école des Frères; mais à la grande satisfaction des honnêtes gens, ils n'ont pu réussir. La masse de la population envoya une députation que je présentai moi-même à M. l'inspecteur et à M. le sous-préfet, qui répondirent de ne rien craindre.

J'ai cru devoir vous donner ces détails dans l'intérêt de la grande cause que vous voulez faire triompher; j'aime à croire que vous n'y verrez que le désir ardent que j'ai d'y contribuer autant que je pourrai.

Veuillez, etc.

Bonnefoi, *vicaire et aumônier de l'hôpital.*

N'ayant point reçu de réponse de Fontannes, c'est une preuve, selon mes convictions, qu'on ne veut plus plaider en faveur du sieur Gilbert.

13 juillet 1877.

Certificat de bonne vie et mœurs délivré au susdit Coutel par le curé de Vieille-Brioude.

Vendage Pierre, épicier; — Bessat Emile-Pierre, très lié avec Saint-Ferréol ; — Saby Louis, de Lamothe, très douteux.

Langeac.

Ayez la bonté de faire remettre ces trois autorisations. C'est excellent. Mourgues a succédé à son beau-père Reignier. C'est parfait.

Langeac, 9 juillet.

Il y a quelques années, nos populations venaient d'elles-mêmes et spontanément se renseigner, à certains moments, auprès des personnes pouvant les bien conseiller. Il n'en est plus de même maintenant.

Nos populations vont puiser leurs inspirations auprès de cette masse nomade des chemins de fer, dont l'esprit est des plus mauvais, et qui flattent leurs mauvaises passions par le mensonge, les corrompent et les éloignent de personnes qui pourraient les diriger mieux.

Quelque faible que soit mon concours, vous pouvez compter sur moi, quand vous saurez que je puis vous être utile. En ce qui concerne les débitants dont vous me parlez, Chambon Jean, Arfeuille Antoine, Reigner, Servy Barthélemy, Chevalier J.-B., je ne vois pas de motifs sérieux qui puissent s'opposer à l'autorisation qu'ils sollicitent; ils en sont ni plus ni moins dignes que leurs autres confrères, classe d'industriels pour laquelle je professe généralement un très petit estime.

Je vous prie d'agréer, etc. CHARLES.

Langeac, 14 juillet.

A Monsieur le Sous-Préfet,

La personne la mieux placée pour mieux vous renseigner est, sans contredit, le maréchal-des-logis de la gendarmerie, fonctionnaire animé d'un bon esprit, connaissant parfaitement tout son personnel, et au rapport duquel vous pouvez avoir pleine confiance, tout en tenant compte cependant d'une petite tendance à l'exagération. C'est le défaut de sa qualité.

Signalez-lui notamment le cafetier inscrit sous le n° 33, qui est désigné comme électrisant les paysans et autres clients pour les convertir au radicalisme.

CHARLES.

Recommandé par Nouhen (Langeac), Pascon, Brustel, J.-B. Evêque, Basile, Pactau.

Quant au meunier Brun Louis (de Mercœur), je puis vous dire que c'est un très brave homme, très dévoué au parti de l'ordre.

10 juillet.

Sur le compte de Blanc Julien, et de Terrisse, d'Ally, il n'y a rien à dire, si ce n'est que ce sont de très braves gens. Quant à Vayron François, c'est également un honnête homme et sur tous les rapports on ne peut rien lui reprocher, il paraît seulement qu'il s'occupe volontiers de politique (dans le mauvais sens naturellement), il n'a pas toujours été ainsi, depuis quelques années il a subi de mauvaises influences.

Je ne sais si le fait de s'occuper de politique doit entrer en ligne de compte pour l'obtention d'une licence de débitant; c'est une question trop délicate pour que je me permette de vous exprimer mon opinion. On pourrait peut-être lui accorder l'autorisation en lui donnant quelques bons conseils.

Le baron DE ROMEUF.

12 juillet.

Rien à dire sur les débitants de Lavoûte, ni sur le sieur Chany Pierre, d'Ally, ni contre les autres.

Je ne reviens sur le sieur Vayron que pour vous dire qu'on m'a affirmé de nouveau qu'il était très mauvais en politique.

Baron DE ROMEUF.

Château de Chilhac, 13 juillet.

Monsieur le Sous-Préfet,

La lettre que vous avez adressée à mon père lui a paru

avoir été ouverte puis recellée ; il vous prie de ne plus vous servir de l'entreprise peu sûre de l'administration de sa commune. L'énergique juge de paix voudra bien désormais recevoir toutes les missives, sous pli double, que vous voudrez bien adresser à mon père.

Veuillez de nouveau donner des ordres pour la fermeture et le bon ordre des cabarets et cafés de Chilhac, qui souvent ne se ferment pas au jour. Le juge de paix peut vous en donner des renseignements ; la gendarmerie de Lavoûte a *presque* reçu du maire l'invitation de ne pas *faire* la police dans sa commune.

Mon père a bien des choses confidentielles à vous communiquer.

Annella De Morteuil.

(Après la dénonciation de cette jeune demoiselle, le maire de Chilhac a été suspendu pour deux mois).

15 juillet.

J'ai peut-être moins d'amis qu'ailleurs à Villeneuve. Cela tient à ce que Villeneuve et Saint-Ilpize, assez rapprochés de Brioude, obéissent plus que Lavoûte et d'autres communes, au comité radical du chef-lieu.

Adressez-vous à M. Michel, notaire, maire de Villeneuve ; il a été très bon pour moi aux élections pour le Conseil général et je pense que ses opinions conservatrices n'ont point changé.

Baron De Romeuf.

17 juillet.

Voici des renseignements dignes de foi sur le nommé Delmas, que le maire d'Ally vous propose comme garde-champêtre. On me dit que c'est un radical de première force et de plus très vindicatif.

Je vous remercie des discours que vous avez bien voulu m'envoyer. Je les emploierai de mon mieux.

Baron De Romeuf.

Prière d'accorder à Breuil l'autorisation d'ouvrir son café sans prendre le casier judiciaire.

Gilbert, *conseiller d'arrondissement.*

Saint-Ilpize, 17 juillet.

Je vous recommande le sieur Pastourel Jean, de Villeneuve-d'Allier. Ce débitant est un excellent homme, animé de bons principes.

A. De Rochegonde, *percepteur.*

15 juillet.

Je n'ai pas voulu demander au maire des renseignements sur les débitants Boyer Antoine, et Fournier Antoine, de Saint-Cirgues, parce que j'ai eu peur qu'il ne fût froissé que vous ne vous fussiez pas adressé à lui.

Ce maire est un riche propriétaire, très conservateur, qui a été nommé, il y a quelque temps, contre un chaud partisan de M. Chazelède, notre triste conseiller général.

Baron De Romeuf.

Il y a lieu de croire qu'il n'y a pas à sévir contre aucun des quatre débitants de Chilhac. Cependant, chez Bradel, comme chez plusieurs autres, il paraît que les règlements ne sont pas parfaitement observés pour l'heure de la fermeture et l'âge des personnes qu'on y reçoit. Je crois donc qu'on pourrait, en les autorisant, les rappeler au règlement et donner à cet égard quelques conseils énergiques au maire.

Baron De Romeuf.

Lavoûte, dimanche 11 h. du matin.

Je reçois à l'instant une lettre de ce brave baron de Flaghac... Ecrivez au préfet au sujet de nos élections, et ce dans l'intérêt général... Il serait malheureux de voir entrer une personne d'opinion ennemie dans notre Conseil, qui a toujours été si bon...

Ci-joint trois demandes pour auberges auxquelles je vous prie de donner une solution favorable. Ils en sont dignes.

Gilbert.

Pinols.

J'ai vu Barthomeuf, qui de Pinols est allé à Marsanges. Il m'a paru sincère, et je puis compter sur lui.

Blanc, *conseiller d'arrondissement.*

14 juillet.

Je n'ai rien su de sérieux contre Imbert et Terisse (de Pinols) ; quant aux deux autres que je vous ai signalés, je pense qu'ils ne demanderont pas une nouvelle autorisation.

Blanc.

20 juillet.

Guillaume Biscarat est un homme en qui on peut avoir confiance. Quant à Hyacinthe Servant, c'est chez lui que se font les réunions des républicains.

Blanc.

Desge, 30 juillet.

Les renseignements que j'ai recueillis sur le sieur Godard, aubergiste à Chastel, sont complètement favorables. En ce qui concerne le sieur Garand, de la même commune, il paraît que ses opinions politiques ne sont pas très bonnes ; mais j'ai su qu'au fond c'était un honnête homme. Il m'a donné des assurances qui m'ont paru sincères. Je suis d'avis que sa demande soit favorablement accueillie.

Ch. De Longevialle, *conseiller général.*

Flaghac, 6 août.

Il ne faudrait pas prendre de mesures de rigueur contre les aubergistes du canton de Pinols parce qu'ils ne se sont pas mis en mesure de demander leur autorisation, qui coûte 3 fr. Le maire leur facilitera les choses autant que possible.

Paulhaguet, 12 août 1877.

Fabre Jean, de la Chapelle-Bertin, et Reuciau François-Polydore, sont des amis à moi...

Au sujet de l'instituteur de Nozeyrolles, attendez des renseignements d'une bonne source... Un ami de Romeuf a pu être induit en erreur par leur garde, mis à juste titre à la porte de la maison. Nozeyrolles a voté en entier pour moi en 1876, sans que je me présentasse. Cet instituteur y était. Il y a à vérifier.

Baron de Flaghac.

Le canton est excellent, vous le savez.

Gabriel de Longevialle me charge de vous dire, que son frère va être absent, jusqu'au commencement de septembre, et que si vous avez besoin de renseignements, comme il part avec son frère, si je puis vous être utile, je vous les donnerai.

Brustel, débitant à Varennes, commune de Ferrussac. C'est très bon. Si vous m'en croyez, prenez les noms de tous les débitants du canton de Pinols, qui n'ont pas fait leur démarche et envoyez-moi leur renouvellement sans extrait judiciaire. Je les ferai remettre aux ayant droit, en en tirant le meilleur parti possible. Je crois que tout ce personnel est bon, et la mesure ne peut produire que de bons effets. Je *ne les remettrai*, bien entendu, qu'après leur avoir fait demander mon intervention.

Baron DE FLAGHAC.

Pinols, 1er août 1877.

Je n'ai point joint de certificat de casier judiciaire à la demande du sieur Barthomeuf et de Mme veuve Coutarel, les deux demandeurs sont comme il faut.

BLANC.

Flaghac.

Envoyez-moi avant les autres, l'autorisation de Bonhoures Pierre. C'est le seul bon conseiller de Paulhaguet, plus Mathieu et Garry.

Baron DE FLAGHAC.

Paulhaguet, 15 juillet.

J'ai déjà remis à M. de Flaghac, les renseignements sur les listes que vous me demandez.

Quoique il y en ait un certain nombre que je ne connaisse pas et d'autres qui soient assez teintés de radicalisme, je crois que vous pouvez accorder à tous, le renouvellement de leur autorisation. Je ne crois pas, en effet, que la suppression de ces débits fût d'une utilité quelconque.

BRANCHE, *conseiller d'arrondissement*.

Flaghac, 14 juillet 1877.

Bouchet F., excellent — Pagés Jean, passable — Veuve Leyreloup, Bouchet Claude, pas mauvais — Garry F., Taillebot, bons — Chambe, Veuve Bonhoures, très bons — Reverdy, Barthélemy, bons — Olivain Jean, Id. — Dutrévis, Id.

Bouche Antoine, conseiller, un des chefs des radicaux — Vernède Claude, très bon — Vernet Auguste, bon — Mallet P.-Auguste, un peu douteux, fils d'un radical, mais passable — Veuve Jughon, née Vauzelle, assez bon — Veuve Bernard, née Vauzelle (à Colas) bon — Bourneton (à Saint-Didier), radical de la plus belle eau — Douclet, Giraud, très bons — Reverdy Vital, bon. Ces deux de Paulhaguet, comme les premiers.

Baron DE FLAGHAC.

(En marge au crayon), transmis au préfet, moins Bourneton et Bouche.

Mairie de Couteuges, 21 juillet.

Recommandation de Signol François et Gilbert Plaix. Rien à dire au sujet de Sicard, d'Espitavy, dont l'adjoint, ne voudrait pas voir ouvrir l'établissement.

DE ROMEUF.

24 juillet.

Renseignements demandés au maire sur divers débitants, par le sous-préfet ; et communiqués préalablement au baron de Flaghac.

Garnier (de La Chapelle-Bertin) ; Garnier Jean (Id) ; Begon Antoine (de La Vernède) ; Bussac (de Domeyrat).

Réponse : Il n'y a aucun de ces aubergistes, mon cher sous-préfet, auquel on puisse refuser la permission, et beaucoup sont de très braves gens.

Baron DE FLAGHAC.

Ainsi que nous l'avons rappelé dans le quatrième volume de nos *Mémoires*, l'ukase du préfet Nervo, ayant été signalé à la presse, par le refus de notre concitoyen, Robert, cabaretier à Balzac, près Brioude, d'y obéir, le comité des avocats républicains de Paris fit paraître une consultation qui en empêcha l'exécution. Les journaux du temps rendirent compte de cet incident en ces termes :

« Les jurisconsultes éminents qui l'ont rédigée, les » Allou, les Senard, les Crémieux, les Jules Favre, les » Renouard, les Léon Renault et toutes les illustrations » du grand barreau de Paris, ont consacré par leur haute » autorité les arguments que la presse républicaine avait » puisés dans l'esprit et dans la lettre du décret de 1851.

» Le comité a reconnu que *le pouvoir de l'administra-* » *tion, absolu quand il s'agit de concéder, est étroitement* » *limité quand il s'agit de revenir sur la concession,* » *c'est-à-dire de détruire un droit acquis.*

» Le comité a reconnu le droit acquis de l'industriel » *qui, soumis à la nécessité rigoureuse de l'autorisation* » *préalable, a, en vertu de l'autorisation obtenue, ouvert* » *un débit de boissons, fait des dépenses, contracté des* » *obligations*, CRÉÉ UNE PROPRIÉTÉ.

» Fort de cet appui et de cette saine interprétation du » décret invoqué par M. de Nervo, un débitant de bois- » sons de Balzac, commune de Saint-Géron, canton de » Brioude, M. Robert, a pris une courageuse iniatitive » dont on ne saurait trop le féliciter, car il s'est bénévole- » ment signalé aux tracasseries du personnel d'ordre » *moral.* Il a donné un exemple qui portera certainement » ses fruits dans notre département où l'esprit public, » après le premier feu de l'indignation, se laisse trop » volontiers aller à la somnolence.

» M. Robert, disons-nous, a presenté au conseil d'Etat » un recours pour excès de pouvoir contre l'arrêté de » M. de Nervo qui a retiré collectivement l'autorisation de » débit de boissons à tous les cabaretiers de la Haute- » Loire.

» M. Paul Lesage, un des signataires de la consultation » du comite républicain, a, samedi dernier, soutenu ce » pourvoi devant le conseil d'Etat ».

LES CANDIDATS OFFICIELS AUX ÉLECTEURS

AIR *du Tra, la, la.*

Candidats des cléricaux, des Badingueusards,
Des bleus orléaneux, des blancs légitimards,
Nos quatre-z-officiels, sur leur Nervo montés,
Courent les grands chemins pour être députés.
    Citoyens, aux scrutins,
    Armés de bulletins,
    Allez, votez pour des républicains.

Ce sont Messieurs Vinay, sénateur black-boulé,
Le baron de Flaghac, déjà deux fois roulé
Comme sénateur et conseiller général,
Qui demande une veste à l'électeur rural.
    Citoyens, etc.

De Miramon qui croit son siège avoir conquis,
Parce qu'à la Chambre on lui dit « saute marquis, »
Et, défunt député, Malartre, le fileur,
Que Dunières, son fief, appelle un beau parleur.
    Citoyens, etc.

Vinay, pur radical aux printemps de ses jours,
D'être un petit tyran fut envieux toujours;
De l'empire a gardé sa décoration,
Sa bile, son toupet et son ambition.
    Citoyens, etc.

Le benjamin, au Puy du clergé, Calemard
Dit Lafayette, auteur de chants sur le canard
Et les navets, devant son cher ami Vinay,
A dû se retirer avec un pied de nez.
    Citoyens, etc.

Le baron de Flaghac, croisé d'un gros Normand,
Blanc, vert, bleu, gris, suivant qu'est le gouvernement,
Prétend représenter au prochain Parlement
Bêtes, à cornes ou non, de l'arrondissement.
    Citoyens, etc.

Le marquis Miramon, monarchien renforcé,
Chef des pélerinards, du noir le plus foncé,
Voudrait, de sa paroisse étant enfant de chœur,
Sauver Rome et la France au nom du sacré-cœur.

Citoyens, etc.

Malartre, plaisantin, l'illustre vacancier,
Qui dégoise, patoise et fait le pétardier,
Dit qu'il vous mettra tous sur la paille l'hiver
Pour vous faire chauffer dans les chemins de fer.

Citoyens, etc.

Voilà les candidats pour qui font l'oraison
Dans leur feuille de chou, chaque jour, Brid'Oison,
Basile, Ratapoil et Griffardin le laid,
Principaux rédacteurs de l'*Echo du Velay*.

Citoyens, etc.

Ces quatre candidats, valant en tout dix sous,
Prétendent remplacer vos députés dissous.
Vous leur direz, quand ils viendront quêter vos voix,
Zut! allez mendier aux portes de vos rois.

Citoyens, etc.

Leurs préfets, leurs soutiens, ferment vos cabarets,
Vous empêchent de boire et chanter, par arrêts,
Menacent votre maire et vos instituteurs,
Poursuivent vos journaux avec leurs colporteurs.

Citoyens, etc.

Leurs gendarmes, moins noirs pourtant que les corbeaux,
Vous criblent, jour et nuit, de leurs procès-verbaux ;
En chaire, leurs curés prêchent le *Syllabus*
Qui vous rendrait l'ancien régime et ses abus.

Citoyens, etc.

Les béates, les marguilliers et les bedeaux
S'en vont trotte-menu porter dans les hameaux
Leurs bulletins de candidats d'ordre moral,
Qui veulent vous sauver du péril social.

Citoyens, etc.

Leurs hommes de combat tenant dans une main
Un goupillon, dans l'autre un sabre, au lendemain

Du jour où vous auriez des blancs pour députés,
Mettraient au clou vos droits avec vos libertés.

Citoyens, etc.

Leur *Menteur des Communes,* pour vous abêtir,
Chaque dimanche vient calomnier, mentir.
Vous savez ce que vaut ce chiffon de papier
Qu'en certain cas pressant vous pouvez employer.

Citoyens, etc.

Au nom du ministère, aux jours d'élections,
Ils vous promettent tout : croix, places, pensions,
Ponts, écoles, chemins, clochers ; le lendemain
Ils n'ont plus rien dans les poches ni dans la main.

Citoyens, etc.

Pour vous effrayer, leurs agents évoqueront
Communards, spectre rouge, et vous menaceront
De leurs préfets à poigne et du Phylloxéra,
Même des partageux : d'eux l'on se moquera.

Citoyens, etc.

Si vous êtes forcés d'avoir leur bulletin,
Rayez leur nom, mettez le bon pour le scrutin.
S'ils vous payent du vin, buvez à leurs santés ;
Puis, le vin bu, pour les républicains votez.

Citoyens, etc.

A l'œuvre vous les avez vus ces cléricaux,
Qui nomment les républicains, des radicaux,
Dans l'Assemblée « élue en un jour de malheur »,
Ils ont fait de la réaction avec fureur.

Citoyens, etc.

Déjà sacrifiant au pouvoir personnel
La République et le Suffrage universel,
Bientôt ils vous feraient le bon vieux temps revoir
Si vous les mainteniez par le vote au pouvoir.

Citoyens, etc.

Ils disent respecter la Constitution,
Et, ne tenant aucun compte de la Nation,
Sous une république, et de ses Députés,
Prennent, du Maréchal, pour loi, les volontés.

Citoyens, etc.

Etes-vous pour la République, un empereur
Ou bien un roi ? leur demande en vain l'Electeur.
Comme les perroquets attendent leur régal,
Ils répètent toujours : Maréchal ! Marechal ! !

Citoyens, etc.

Jusqu'en dix-huit cent-quatre-vingt, bons électeurs,
Nous nommant, disent-ils, vous aurez paix, bonheur ;
Mais ils vous laisseront vous battre dans trois ans
Pour Chambord, Badinguet et quelque d'Orléans.

Citoyens, etc.

Puis la guerre étrangère alors éclaterait ;
Car, empereur ou roi, celui qui règnerait
Voulant le pape-roi dans Rome, les Prussiens
Envahiraient la France avec les Italiens.

Citoyens, etc.

On dit : si tu choisis, Peuple, des radicaux,
L'on dissoudra la Chambre encor ; les cléricaux
Garderont le pouvoir. Ris de ces vains propos :
Pas de Représentants du Peuple, pas d'impôts !

Citoyens, etc.

Quand la France a parlé par la voix du scrutin,
Tous doivent obéir, c'est l'arrêt du Destin.
Pourtant le Maréchal *jusqu'au bout restera*,
Dit-on : Est-ce la France alors qui s'en ira ?

Citoyens, etc.

En France, aujourd'hui, seul le Peuple est souverain
En vertu des lois et du droit républicain,
Peut dire : en République, où toujours je vivrai
Malgré ses ennemis : *j'y suis, j'y resterai* !

Citoyens, etc.

Tout fonctionnaire qui voudrait, par corruption,
Promesses, dons, ou bien par intimidation,
Attenter à la liberté de l'Electeur,
Sera puni comme un vulgaire malfaiteur.

Citoyens, etc.

La Chambre, sans pitié, cassera l'élection
Des députés timbrés par l'administration.

Peuple, en élisant des *officiels peu latents,*
Tu perdrais donc, sans fruit, tes votes et ton temps.
Citoyens, etc.

Entre l'ancien régime et la Révolution,
La libre pensée et la superstition,
Les droits des citoyens et le vieux droit divin,
Voici la lutte à mort. Peuple debout, demain!
Citoyens, etc.

Comme un seul homme allez au vote ; citoyens!
Nommez vos vrais amis, de bons républicains,
Et, sous vos bulletins, là, dans l'urne enterrez
Le ministère et les candidats des curés.
Citoyens, etc.

Par toi renommés, les trois cent soixante-trois,
Peuple, défendront bien tes libertés, tes droits,
Et d'un coup de balai renverront se coucher
Ceux qui se sont vantés de te faire marcher.
Citoyens, etc.

Alors, ouvriers et paysans, pour toujours
Vous aurez le repos, la paix et de beaux jours ;
Car la République est l'ordre et la liberté,
Sous le règne des lois et de l'égalité.
Citoyens, aux scrutins,
Armés de bulletins,
Allez, votez pour les républicains.

JEAN-PIERRE.

Impositions

DE L'ARRONDISSEMENT DE BRIOUDE

Nous avons, dans le quatrième volume des *Notices sur la ville de Brioude,* donné l'état des impositions de tous genres payées par les collectes ou communes composant sous l'ancien régime, le district de Brioude, devenu depuis 1789, l'arrondissement. On a pu voir la différence existant à autant de distances entre les charges supportées par les habitants des mêmes localités. Nous complétons en ce moment ces renseignements, par le relevé du même genre de contributions perçues sous des noms divers, pendant la Restauration et le second empire.

1831

D'après un document que nous avons eu entre les mains et qui est extrait, croyons-nous, d'un voyage en Auvergne d'Abel Hugo, la situation financière dans la Haute-Loire, au lendemain de la Révolution de Juillet, était celle-ci :

Le département de la Haute-Loire payait à l'Etat 4,919,731 francs. Il reçoit 2,524,300 fr. ; il est ainsi prélevé chaque année, sur le produit de son industrie et de son travail, la somme de 1,795,351 fr. ; de là, manque de capitaux. En six ans il paye plus de la totalité de son revenu territorial.

Quoique fournissant du vin en quantité et à bas prix, il est classé par suite d'une mauvaise répartition, parmi les départements consommateurs non producteurs et paye en conséquence des droits plus élevés qu'il n'aurait dû.

La répartition entre les arrondissements est également vicieuse, celui de Brioude est surimposé de plus de 500,000 fr. Les boissons donnent au trésor 518,983 fr., les dépenses départementales s'élèvent à 289,215 fr.

1872

M. Mallègue a publié à cette époque, qui suit la liquidation de l'Empire, le tableau très détaillé des impositions de toutes natures payées par le département, le voici :

CONTRIBUTIONS DIRECTES

1° Principal des quatre contributions directes :

Foncière	110,112 fr.
Personnelle et mobilière	236,771
Portes et fenêtres	157,373
Patentes	198,468
Frais	4,912
Total	1,640,052 fr.

2° Cent. comm. sur les quatre contrib.	673,281 fr.
3° Fonds pour dépenses communales	549,934
4° Fonds de non-valeurs, etc	56,532
Total général	2,919,806 fr.

MONTANT DES ROLES PAR ARRONDISSEMENT

Arrondissement du Puy	1,147,756 fr.
— de Brioude	805,148
— d'Yssingeaux	695,901
Total égal	

RESSOURCES COMMUNALES TOUT COMPRIS PAR CANTON

Auzon	52,475 fr.
Blesle	33,079
Brioude	130,712
La Chaise-Dieu	36,944
Langeac	77,380
Lavoûte-Chilhac	42,379
Paulhaguet	62,683
Pinols	29,140

PAR CHEF-LIEU

Auzon	6,256 fr.
Blesle	8,255
Brioude	75,750
Langeac	15,391
La Chaise-Dieu	6,573
Lavoûte	3,807
Paulhaguet	8,768
Pinols	5,887

RÉCAPITULATION DE L'IMPOT DIRECT PAR ARRONDISSEMENT

Le Puy..........	896,854 fr.
Brioude.........	464,804
Yssingeaux......	326,150
Total général..	1,687,808 fr.

CONTRIBUTIONS INDIRECTES

Droit sur les boissons et droits divers.	813,256 fr.
Tabac..............................	1,147,563
Poudre.............................	345,423
Total des produits généraux...	2,306,243 fr.
Produits divers retenus, amendes, etc.	16,067
Total général....	2,322,310 fr.

OCTROIS (en moyenne)

Le Puy..........	180,020 fr.
Brioude.........	45,857
Yssingeaux......	12,817

1889

Les tableaux officiels donnent les résultats que voici :

HAUTE-LOIRE

Principal des quatre contributions directes.

Arrondissements	Prop. bâties	Non bâties	Personnelle Mobilière	Portes et Fenêtres	Total
Le Puy......	406,507	87,661	129,120	84,702	707,990
Brioude.....	283,513	45,746	73,438	48,434	451,131
Yssingeaux..	216,918	35,219	67,139	45,986	365,262
Totaux....	906,915	168,686	269,691	179,212	1,524,383

L'arrondissement de Brioude, paye donc :

Impôt foncier, terre et maisons..	329,250 fr.
Mobilière, personnelle..........	73.438
Total y compris les portes et fenêtres.	451,131 fr.

Le recensement des propriétés bâties terminé en 1890, n'a que peu modifié, pour l'exercice 1890 au moins, les résultats précédents.

Alors la Haute-Loire a été déchargée pour la propriété non bâtie, de 71,000 francs et augmentée pour la propriété bâtie, de 3,000 fr. ; mais comme d'habitude, il n'a été tenu aucun compte, pour l'arrondissement de Brioude, de la surcharge payée par lui. L'augmentation et la diminution ont été fixées par le Conseil général, proportionnellement aux impôts payés jusqu'à ce jour par les trois arrondissements, il n'y a donc que la péréquation de l'impôt qui puisse remédier à cette injustice, en faisant payer chaque propriétaire en raison de son revenu ou de son capital.

Les chiffres que nous venons de donner pour 1889, comprenant seulement celui du principal des quatre contributions directes établies et perçues par l'Etat, il faut y ajouter les centimes additionnels votés par le département et les communes pour leurs dépenses spéciales, et qui doublent presque l'impôt réellement supporté par les contribuables.

Voici pour l'arrondissement de Brioude, le tableau de ces centimes additionnels dressé en 1890 pour les huit cantons, etc.

Cantons	Prop. n. bâties (terres)	Prop. bâties (maisons)	Mobilière Personnelle	Total
Auzon	74,367	13,642	28,394	116,403
Blesle	56,215	7,397	10,694	74,337
Brioude..........	29,974	122,086	42,578	194,638
La Chaise-Dieu...	44,954	40,808	12,116	97,588
Langeac.........	86,744	17,542	31,703	133,987
Lavoûte	58,066	6,504	13,225	77,895
Paulhaguet	190,031	22,139	10,858	233,028
Pinols.......	35,755	2,167	6,314	44,270
Total...	531,381	231,975	155,912	964,070

Recettes (PAR PÉRIODE QUINQUENNALE)

Années	Centimes additionnels	Octrois	Taxes et perceptions communales	Produits du patrimoine communal	Produit d. concessions d'eau et de gaz	Subventions (Etat, départem. particulières	Montant des emprunts	Produit quinquennal des droits de place (halles foires et marchés)
1837	2,080	18,435	2,635	3,130		4,000		2,635
1842	1,957	21,847	3,068	120		635		2,575
1847	2,033	23,260	2,770	120		3,700		2,550
1852	2,221	37,840	2,431	2,350				2,115
1857	2,299	27,460	6,696	240				3,872
1862	2,369	35,233	7,147	2,075				4,361
1867	2,454	44,716	7,649	8,508			115,000	5,679
1873	2,632	35,587	9,553	4,332		24,650	20,000	7,726
1877	2,703	39,049	10,975	5,969	1,998		186,000	6,652
1882	2,644	32,157	19,800	8,348	2,643	550	78,000	7,582
1887	2,912	31,347	20,949	7,245	3,206	4,413		6,729
Totaux	26,304	346,931	93,673	42,437	7,847	33,948	399,000	52,976

Travaux

A L'AIDE D'EMPRUNTS OU DE FONDATIONS SPÉCIALES

Périodes quinquennales	Travaux destinés à favoriser le développement intellectuel et moral (1)	Travaux destinés à assurer la salubrité et la sécurité (2)
1837-41	3,500	
1842-46	15,889	
1847-51	10,500	
1852-56	23,700	
1857-61		
1862-66	56,703	
1867-72	2,696	189,488
1873-76		51,314
1877-81		40,676
1882-87	129,694	44,826
Totaux.....	242,682	326,334

(1) Construction ou installation d'écoles, collèges, églises, bibliothèques, théâtres, hôtels de ville, etc., réparations ou autres travaux.

(2) Halles, marchés, abattoirs, lavoirs, cimetière, égoûts, usines à gaz, distribution d'eau, établissement de réservoirs, de machines élévatoires de fontaines, matériel d'incendie et de sauvetage, bâtiments pour les pompes, poste de police, etc.

Dépenses (PAR PÉRIODE QUINQUENNALE)

Années	ENSEIGNEMENT			CULTES	Assistance publique	Sécurité publique	Salubrité et hygiène	VOIRIE Urbaine et Vicinale		Agents communaux		Service de la dette	Autres dépenses	Remboursements effectués en Capital et Intérêts
	Primaire	Supérieur Secondaire Professionnel	du Dessin, Peinture Musique Musée, Bibliothèque					Eclairage	Autres dépenses	Pensions et Allocations	Salaires			
1837	5,650	10,300	100	1,400	»	1,932	138	»	2,196	385	8,000	»	4,615	»
1842	1,538	9,871	702	900	787	3,222	1,339	»	3,601	485	8,318	»	5,931	»
1847	2,358	10,999	870	3,910	3,385	2,308	221	»	3,925	586	9,231	»	3,037	«
1852	1,300	7,840	872	1,484	1,171	2,074	1,790	»	6,523	217	9,610	»	8,084	»
1857	8,592	226	1,817	2,585	1,110	3,833	858	»	5,016	455	11,231	»	7,926	»
1862	7,594	355	1,000	25,542	1,067	3,558	4,341	»	5,978	1,969	14,728	»	4,278	»
1867	8 010	,	1,559	4,831	1,085	3,784	1,771	»	6,731	1,884	13.133	»	6,436	»
1873	9,196	10,199	156	979	2,566	4,710	858	»	7,145	1,150	13,949	16,349	5,500	7,098
1877	6,761	9,200	655	1,000	1,851	4,261	1.397	79	7,840	429	13,517	21,158	8,643	70,516
1882	8,383	15,121	2,081	»	1,482	4,648	2.156	3,596	7.787	1,156	16,404	12,597	17,011	51,340
1887	9,740	17,574	1.954	284	2,645	4,831	3,701	4,851	9,774	1.570	15,398	12,748	11,604	62,920
Totaux	69,122	91,685	11,966	42,915	17,149	39,161	18,570	8,526	66,516	10,334	133,552	62,852	83,068	191,874

Instruction primaire

Notre rapport, publié par l'*Abeille*, a fait connaître quel était l'état de l'instruction primaire dans la ville de Brioude, en 1891. Nous en donnons le résumé, pour qu'en comparant le présent avec le passé, lorsqu'on aura sous les yeux le tableau que nous allons donner de nos écoles, il y a près d'un demi-siècle, on puisse constater les améliorations et modifications que la République a apportées dans cette branche de l'enseignement public, en 1891.

Nos écoles sont au nombre de 12; trois publiques, une privée laïque. 8 privées congréganistes.

Sur ce nombre, il y a une école laïque de garçons (boulevard Desaix), deux écoles congréganistes, dirigées par les Frères (avenue de la Gare et au Vallat), une école laïque de filles (avenue Victor-Hugo), une école laïque privée (Mlle Gros, place aux Toiles), quatre écoles congréganistes dirigées par des sœurs (l'Instruction, Saint-Joseph, la Visitation, Fontevrault, les deux dernières cloîtrées); une école maternelle laïque (au Postel), deux id., congréganistes (l'Instruction et Saint-Joseph).

Le nombre des élèves étrangers à la ville ou au-dessus de 13 ans, serait donc environ de 144, dont le plus grand nombre sont des filles.

Pour avoir le nombre complet de tous les enfants recevant l'instruction à Brioude, il faut ajouter les 90 élèves du collège, parmi lesquels 60 de la ville, dont une trentaine environ reçoivent une instruction équivalant à l'instruction primaire, et qui tous, à dater de la troisième, devraient recevoir l'instruction spéciale qui mène au baccalauréat.

N'ayant pas à notre disposition le nombre officiel des enfants de 2 à 13 ans, inscrits dans les actes de l'état-civil, dont nous ne pouvons exiger un relevé, qui nous serait refusé si nous le demandions, il ne nous est pas possible de savoir s'il est un certain nombre d'enfants qui ne reçoivent aucune instruction. Cette constatation est peu importante maintenant à faire. Pour notre travail, il nous suffira de dire qu'à ce dernier point de vue le nombre des enfants de 2 à 14 ans qui peuvent aller aux écoles primaires et maternelles, est du cinquième de la population. La population, à Brioude, est de 5,000 âmes environ; ce serait 1,000 enfants au lieu de 841 qui devraient fréquenter les écoles. Seulement, il faut retrancher du nombre 1,000, les enfants de 14 ans non compris dans le chiffre de 856, et ajouter à celui-ci, les élèves du cours du collège, qu'on peut appeler *primaire*, et les enfants élevés dans leur famille ou par des maîtres particuliers.

ÉCOLES COMMUNALES *(nombre des élèves)*

École laïque de garçons, 90 élèves de Brioude, il s'en trouve 75 de 6 à 13 ans.

École laïque de filles, 160 élèves, toutes de Brioude, dont 114, de 6 à 13 ans, 23 au-dessus de treize ans, 23 au dessous de six ans.

ÉCOLE MATERNELLE

Elèves des deux sexes, 40 ; elle en a eu jusqu'à 140.

ÉCOLES PRIVÉES

Ecole laïque de filles, Mlle Gros, 15 élèves de 6 à 13 ans.

ÉCOLES CONGRÉGANISTES

Ecoles de garçons :

Les frères de la doctrine chrétienne : 250 élèves dont 215 de Brioude, ayant de 6 à 13 ans.

Ecoles de filles :

Couvent de Saint-Joseph.

Ecole primaire avec école maternelle et pensionnat, 161 élèves, dont 72 filles, toutes de Brioude à l'école primaire, et 68 enfants des deux sexes, à l'école maternelle.

Couvent de l'Instruction.

Ecole primaire, école maternelle et pensionnat, 120 élèves dont 54 filles de 6 à 13 ans de Brioude, à l'école primaire, 65 des deux sexes, à l'école maternelle.

Couvent de la Visitation.

18 élèves ayant plus de 6 à 13 ans ou n'étant pas de Brioude.

Couvent de Fontevrault.

16 élèves, dont 2 de 13 ans, de Brioude.

Le rapport que je présentais en 1840, donne les renseignements suivants :

1840

Le nombre total des élèves des deux sexes qui reçoivent l'instruction dans la ville de Brioude, s'élève à 909 (512 garçons, 397 filles), 170 sont étrangers à la commune, 112 reçoivent l'instruction secondaire au collège (nous n'en parlons que pour mémoire), 797 reçoivent l'instruction primaire dans 15 écoles : cinq sont ouvertes aux garçons ; dix aux filles ; une seule école, l'école mutuelle est communale. Les autres sont des écoles privées, légalement autorisées ou dispensées, comme communautés religieuses, de brevets remplacés par des lettres d'obédience.

En voici le relevé, avec le nombre des élèves.

LAÏQUES (*Garçons*)

Mlle Biffe	14
Collège	8
Ecole mutuelle	110
Maîtres particuliers	10

CONGRÉGANISTES

Frères de la doctrine chrét.	250
Sœurs libres ou béates	8
Total	400

A ajouter pour mémoire, le collège 112 élèves au-dessus de 14 ans.

LAÏQUES *(Filles)*

Mlle Bois	28
Mlle Biffe	10
Mlle Lhomme	18
Maîtresses particulières	10

CONGRÉGANISTES

Saint-Dominique	16
Saint-Joseph	175
Visitation	8
Fontevrault	4
Instruction	34
Sœurs libres, Hugon	50
— Leyreloup	34
Total	397

L'instruction est donnée ou présumée donnée gratuitement à 437 enfants (360 garçons et 77 filles).

GARÇONS

(Ecole mutuelle)	Adultes	41
	Enfants	69
(Présumée gratuite),	Frères de la doct. chrét.	250
	Total	360

FILLES

Sœurs de Saint-Joseph	72
Autres	5
	77

Parmi les 797 enfants qui fréquentent les écoles primaires; il y a 115 étrangers, 20 garçons et 95 filles; 682 appartiennent à la ville ou à la commune.

Sur ce nombre on compte 380 garçons, 302 filles dont 59 adultes, 466 enfants de 14 à 6 ans; 158 de six ans et au-dessous.

Etat des enfants qui ne reçoivent aucune instruction.

La population de Brioude était portée pour le recensement de 1836. à 5,217 habitants.

Sur ce nombre on trouve 1,142 enfants de deux à quatorze ans. De ces enfants 896 sont légitimes, 246 (plus du quart) enfants trouvés.

Cent appartiennent à des indigents.

Les enfants de deux à quatorze ans étant admis dans les salles d'asile ou dans les écoles primaires, 1,142 élèves devraient se trouver dans les diverses écoles de la ville ; 682, ou plutôt, en retranchant les 59 adultes, 623 seulement s'y sont rendus.

Ce serait donc près de la moitié des enfants en état de recevoir l'instruction, qui en seraient privés par la négligence, le mauvais vouloir des parents, ou par une cause quelconque. Heureusement pour l'honneur des habitants de Brioude, un pareil résultat n'est pas à déplorer, car il faut retrancher de ces 1,142 enfants, les 5/6 au moins (soit 205), des enfants trouvés qui, bien que portés sur les tableaux de recensement, d'après le vœu de la loi, n'habitent point dans la commune, mais résident dans les communes voisines où ils ont été transportés dès leur naissance.

Ce ne serait donc plus 1,142, mais 937 élèves que nous devrions avoir dans nos écoles, il n'y en a que 623. C'est donc le tiers environ de nos enfants qui ne profite pas des bienfaits de l'éducation.

Cette proportion vraie, si on l'applique en général aux enfants de deux à quatorze ans, qui pourraient recevoir une éducation ou une instruction quelconque, varie et devient plus faible encore, si on examine le nombre d'enfants qui fréquentent les écoles primaires proprement dites, parce qu'il n'existe pas de salles d'asile où puissent être recueillis les enfants de deux à six ans, qui vont en très petit nombre aux écoles primaires.

Le nombre des enfants capables de fréquenter les écoles primaires de divers degrés, est à peu près égal, d'après les statistiques, au cinquième de la population, un dixième appartient à la sallè d'asile, un dixième aux écoles primaires. C'est-à-dire que sur mille habitants, il y a cent enfants qui peuvent aller à la salle d'asile et cent à l'école primaire. En 1840, les enfants de sept ans n'étant plus admis dans les salles d'asile, la proportion a un peu changé.

A Brioude, sur 939 enfants habitant la commune, on en compte 589 de 7 à 14 ans inclusivement, et 348 de deux à six ans inclusivement.

Parmi les 623 enfants qui fréquentent les écoles primaires, on trouve 465 élèves de 7 à 14 ans inclusivement et 158 de six ans et au-dessous.

En résumé, sur 589 enfants de 7 à 14 ans, 465 vont aux écoles primaires ; il y a donc 124 enfants (le quart environ), qui ne reçoivent pas l'instruction primaire.

Sur 348 enfants de six ans et au-dessous qui pourraient aller aux salles d'asile, 158 reçoivent une éducation quelconque ; il y a donc 190 enfants (plus de la moitié), qui sont à charge à leurs parents ou livrés à eux-mêmes, sans guide, sans direction, ce qui prouve la nécessité d'une salle d'asile.

Les chiffres dont on s'est servi dans ce rapport, fait en 1840, pour établir le nombre et l'âge des enfants habitant Brioude, sont empruntés au recensement de 1836. Mais le mouvement de la population n'est point assez rapide pour qu'ils s'éloignent de la réalité.

La Radicaille

LA GRANDE MÉNAGERIE DES HOMMES TERRIBLES

dirigée par le célèbre dompteur Babylas

Les habitants de notre ville se réjouissent fort, malgré la rigueur de la saison, à l'idée que nous possédons dans nos murs, la plus célèbre ménagerie du plus célèbre Babylas. Hier, a été donné la première représentation; c'était merveille de voir la brillante installation, le confort et le bon accueil réservés au public. La parade elle-même ne manquait pas d'attrait; Babylas tenant en laisse un grand ours de Sibérie, faisait lui-même le boniment. Nous allons essayer de reproduire aussi exactement que possible cette première et intéressante représentation.

PARADE

Entrez, messieurs, mesdames, bonnes d'enfants et soldats, venez admirer dans ma baraque, les bipèdes les plus extraordinaires, les plus terribles, que j'ai eu l'honneur de présenter à tous les souverains d'Europe, d'Asie, d'Afrique et d'Amérique. Entrez, entrez, cela ne coûte que 10 sous; c'est pour rien.

En avant la musique!

Boum, boum.....

Considérez tout d'abord, mesdames et messieurs, ce petit homme au visage de fouine; il a été recueilli sur un glaçon, qui des mers septentrionales a permis de le cueillir non loin de cette ville, sur les bords de l'Allier; sa structure est toute particulière, comme vous le voyez, il a le regard louche, les jambes tortes, la dégaine embarrassée; ne croyez pas qu'il pêche par timidité; mais il n'est jamais satisfait et ne fait jamais risette, que quand on peut lui offrir quelques grappes de raisin chasselas. Il a pour le fruit préféré de notre bisaïeule Ève, un goût très marqué, et pour satisfaire ce penchant il ne recule devant rien. Malgré un long séjour par lui fait dans la capitale de France.., dans une école qui avait son siège rue de Jérusalem, il n'a pas su se corriger de ce défaut. Il méconnait absolument le précepte de l'écriture qui dit qu'on ne doit désirer ni l'âne, ni la femme, ni le raisin de son voisin, Ajoutez qu'il a pour le lard la même faiblesse que pour le chasselas.

Hurlez, ours de Sibérie.... Voyez comme il est féroce cet animal là!

Passez ensuite à l'homme à barbe. Il a toujours fait depuis sa découverte, l'admiration du beau sexe. Et ce qui a le plus frappé dans ses habitudes, c'est l'amour passionné qu'il a instinctivement pour les braves et honnêtes cultivateurs, comme il s'en trouve parmi vous. Il les aime à tel point, que quand il était en liberté, en Patagonie, son pays d'origine, pour leur épargner des sueurs et des fatigues, il laissait son jardin inculte, comme il laissait quand il en avait, — car il en a eu — envahir ses vignes par les ronces et le chiendent. Ce grave souci de la santé des travailleurs ne démontre-t-il pas les trésors de philanthropie qui gisent dans son âme? Sans vous en douter, cet extraordinaire mammifère, mesdames et messieurs, s'occupe, qui le croirait, des problèmes sociaux les plus ardus? Ils l'ont tellement absorbé, que depuis qu'il fait partie de notre ménagerie, on a vu tour à tour son plus bel ornement passer du rouge race de Salers à la nuance écureuil, pour dégénérer complètement et tomber enfin dans les teintes jaunes vieil or. Pourquoi jaune? ô fatalité! ce sont là de tes coups. Tel que vous le voyez, il est en ligne directe un arrière petit neveu de Samson. Comme ce dernier, toute la force du premier réside dans son appareil pileux. C'est, mesdames et messieurs, un de nos plus curieux pensionnaires. Contemplez-le! La charité chrétienne nous oblige toutefois à engager les femmes enceintes à ne pas s'arrêter trop longuement devant lui.

Hurlez, ours de Sibérie..., etc.

Remarquez ensuite l'homme-grand-cerf, originaire de la Numidie. Il est majestueux et porte avec une grâce parfaite et grand chic les avantages croissants dont il est gratifié. Présomptueux comme tout ce qui se croit beau, ne supposez pas que ses regards, qui veulent paraître farouches, indiquent un mauvais naturel. C'est pure affectation de sa part. D'ailleurs un simple coup d'œil de sa tendre chevrette le ramène à la douceur, et d'elle il subit sans murmurer.... le joug. Il appréhende les chemins couverts, les bois sombres, les taillis épais : c'est qu'il a entendu raconter la fable du cerf et de la vigne et ne se soucie pas d'avoir le sort de son congénère.

Hurlez, ours de Sibérie..., etc.

Passez ensuite, messieurs, à l'homme cucurbitacée, autrement dénommé le pastèque journaliste. Rien de bien remarquable au premier aspect ; cependant, un profond examen permet d'affirmer qu'il a dans la physionomie, — et c'est ce qui fait son originalité — des points frappants de ressemblance avec la courge, le concombre, le potiron, voire même le melon ; seul et unique en son genre.

L'empereur de Russie, à mon passage à Saint-Pétersbourg, m'en a demandé de la graine, j'ai refusé.

Hurlez, ours de Sibérie..., etc.

Admirez ensuite, mais ne vous approchez pas trop de ce farouche, l'homme dur, brusque, brutal, que vous voyez dans cette cage. Il est atteint de la monomanie de la parole. Entendez-le. Il parle toujours, ne raisonne jamais, mais déraisonne souvent. Si vous voulez bien l'écouter, il vous dira qu'avant de faire un des plus beaux ornements de notre collection, il ne rêvait comme il rêve encore que l'amour de son pays. Pour preuve, il vous apprendra qu'il le quittait pendant de longs mois, pour aller s'occuper, non des intérêts de ses concitoyens, mais d'entreprises gastronomiques qui lui étaient absolument personnelles. Homme protée, il sait au besoin, le matin, s'affubler d'ailes sur le dos, d'un carquois, d'un arc et d'une flèche, et faire ainsi la chasse aux Naïades en chambre. Sur le coup de onze heures il se travestit subitement, et, après excuses faites à certain officier, on le voit près d'un fourneau, qui n'a rien du fourneau économique, revêtu d'une veste, d'un pantalon et d'un béret blanc ; il fabrique alors une gibelotte de chat. Puis le soir, par suite d'une nouvelle transformation, il trône dans un salon d'auberge, vêtu de noir et cravaté de blanc et fait la roue devant un public aussi peu choisi que peu nombreux. Dans son pays on le surnomme indistinctement Esculape, Cupidon ou Brillat-Savarin.

Hurlez, ours de Sibérie...., etc.

Un moment, mesdames et messieurs, de bienveillante attention à l'intéressant personnage qui se présente maintenant à vos regards ; il a lu l'histoire de la grrrande Révolution française, et rasé comme un séminariste, il affecte des airs de Robespierre. Est surtout remarquable par l'absence totale de cette faculté qui s'appelle la mémoire. Il n'a pas même celle de l'estomac, et égratigne volontiers la main qui lui a tendu la croûte, quand il était mal hypothéqué.

Hurlez, ours de Sibérie..., etc.

Ceci vous représente, messieurs, le grand lama terrifiant. Œil de panthère, moustache de chat, dent de crocodile, ongles de tigre ; il inspire la terreur à tous ceux dont il s'approche. Produit incestueux d'une marmotte et d'une bête féroce restée inconnue, recueilli aux pieds des Alpes dans sa plus tendre jeunesse, tous les efforts ont échoué pour dompter son indécrottable caractère. Tout lui fait ombrage ; il ne cherche que le mal et le fait toujours. Gardez-vous des gens de son espèce ; il n'est approché que des poltrons qui le craignent.

Hurlez, ours de Sibérie..., etc.

Ceci vous représente le grand duc du 18 pour cent, très intéressant dans son genre. Russe par allure, juif de tournure et quelque peu de tempéramment, il dit à qui veut l'entendre qu'il aime autrui. Mensonge ! il n'aime et ne songe qu'à lui. Voyez-le dans sa niche ; il a pris soin d'en retourner la façade à l'envers pour que vous ne puissiez pas en jouir et que lui seul la puisse contempler. Voyez cependant, tant il faut se méfier des apparences, cet air doux, aimable, accessible, bienveillant ; il l'est tellement que beaucoup se demandent si ce russe n'est pas un simple glaçon venant en droite ligne de la Laponie. Les méchants, mais n'en croyez rien, disent que c'est un bâton *m...icIleux*. Dans son pays on l'aime peu ; ses concitoyens se rappellent et se rappelleront longtemps qu'il a voulu et qu'il voudrait encore, s'il le pouvait, faire augmenter certains impôts qui touchent cependant de bien près les cultivateurs. D'aucuns affirment que quand il a besoin d'autrui, soit pour faire des excuses en son nom, soit en temps d'élections, il devient d'un aimable dont rien n'approche. Allons, messieurs, et passons.

Hurlez, ours de Sibérie..., etc.

Considérez, mesdames et messieurs, l'homme désigné dans son pays sous le pseudonyme du rebouteur-jésuite ou frise-muraille. Il vise au sectaire, mais au fond n'est qu'un simple Rodin, et encore de mauvais aloi. Il faut ne pas prendre ce qu'il dit au pied de la lettre, et se méfier toutes les fois qu'il fait simulacre de caresse ; Judas n'a-t-il pas trahi par un baiser ?

Hurlez, ours de Sibérie..., etc.

Ceci vous représente l'homme mastodonte. Visqueux comme le hideux hippopotame qui peuple les grands fleuves de l'Afrique, il a comme vous le voyez, de la bave plein la bouche, et voudrait en vomir. Mais tout le monde le fuit ; seul l'homme à barbe que vous avez vu il y a un instant, a pour lui des tendresses de mère. Il le caresse et le dorlotte avec une sorte d'amour passionné. C'est que l'homme à barbe à des goûts bisarres et il affectionne ce gros ventru à face blême parce que cet odieux produit d'un rhinocéros et d'un scorpion exhale, comme lui, des odeurs qui ne rappellent en rien l'oppoponax ou le lubin.

Hurlez, ours de Sibérie..., etc.

Ici vous verrez, n'approchez pas de trop près, une sorte d'individu qui tient tout à la fois du ouistiti et de la guêpe. Mouche du coche, faiseur d'embarras, punais, sale d'origine, aimant le brillant de l'or et se préoccupant peu des moyens d'acquérir; peu délicat à tous égards. Il a un proche qui s'appelle mange... m...

Hurlez, ours de Sibérie..., etc.

Considérez enfin l'humble servant des autres habitants de notre ménagerie. Casquette de loutre, gilet rouge, cravate bleue, chemise presque blanche, il obéit comme chien ; a beaucoup voyagé, n'en est pas plus intelligent pour ça, et restera toujours un malpropre, qui, mesdames et messieurs, passez-moi le mot, fait c... au lit et p... dans ses culottes.

Hurlez, ours de Sibérie..., etc.

C'est, mesdames et messieurs, pour avoir l'honneur de vous remercier. A demain !... M. Babylas entrera dans les loges. Grand travail... L'honneur de votre présence !

AU DESSERT

POCHADE

Personnages :

NIGER, *docteur marmiton.* — SALOMON, *Trente pour cent.*
RODIN, *Jésuite rouge.* — RUFIANUS, *le Fauve.*

NIGER (un verre en main)

Chantons, joyeux compères,
L'amour et le tonneau.
Et répétons en chœur, chers frères,
Benedicamus Domino.

SALOMON

Il est gris, c'est certain, puisqu'il brait comme un moine ;
Il se croit tonsuré, portant froc et bâton.
Silence, compagnon de l'ascétique Antoine,
Va dormir ! En rêvant, trousse quelque Gothon.
Nous, les sages, les bons, parlons de nos affaires.
Quand suis-je sénateur, ou bien quand député ?
Sans moi, tout va cahin caha ; les ministères
Roulent de mal en pire. Ah ça ! c'est discuté,
Marché conclu, topez. Il faut que l'on me nomme,
Il le faut, je le veux. Assez et trop longtemps,
Je me fis humble et doux ; mais enfin ça m'assomme,
Je me révolte, et nargue aux jaloux mécontents !
Le sauveur annoncé, celui de vos promesses
— C'est moi ! que tardez-vous, amis, pour révéler
Mon génie étonnant, mes vertus, mes largesses
Qu'humblement jusqu'ici j'ai bien voulu céler ?

RODIN

Ton génie ? Allons donc ! ta vertu ? C'est plus drôle !
Tu veux du député ? même du sénateur ?
Tu plaisantes, mon vieux. — Schilock, voilà ton rôle.
Sénateur, député ! de votre serviteur
Que ferez-vous alors ? réponds, farceur sinistre.
Je ne veux pas finir conseiller général.
J'ai fait le premier pas et je serais un cuistre
Si je m'arrêtais là. Quoi ! rester caporal !
Non, j'aurai l'épaulette, et devrais-tu te pendre,
Dans le Palais-Bourbon bientôt j'irai m'asseoir :
Quand on prend du galon on n'en saurait trop prendre.
Peut-être à l'Elysée un jour tu peux me voir.

SALOMON, à part

Il est fou.

RODIN

Sixte-Quint...

SALOMON, à part

Fou sûrement.

RODIN

En somme
J'ai des atouts sérieux : je suis intelligent,
Je suis riche, ayant fait un mariage d'argent,
Je n'ai pas de scrupule.

RUFIANUS

As-tu fini Bonhomme.
Bon appétit, mon gars, éventre le gâteau,
Très bien ! Mais, sacré Dieu, tu comptes sans ton maître.
Du pouvoir, pour ton dos, trop lourd est le manteau,
Nains morveux qu'en soufflant je ferai disparaître.
Rentrez dans vos chenils, sinon gare le fouet !
Faites les morts... Ici, venez lécher ma botte,
Sautez, tournez, dansez, obéissez à souhait ;
Toi, Schilock, fais le beau, toi, l'ami Rodin, saute ;
Et n'oubliez jamais, Mirmidons que vous êtes,
Que le sauveur prédit, attendu, le voilà.

NIGER

C'est donc vous ! et de trois ! quels gourmands vous me faites,
C'est moi ! c'est moi ! c'est moi ! chers amis, grand merci.
Vous ne m'invitez pas ; tout pour vous ! Quant aux autres,
On s'en moque, on en rit. Bran pour eux ! C'est ainsi,
Part à quatre, goulus. J'ai faim, mes bons apôtres :
Pour croquer le morceau, je veux en être aussi ;
Partageons, s'il vous plaît, à chacun son affaire :
Rodin est conseiller, je serai député,
Rufianus sénateur, Salomon consulaire.

RUFIANUS

J'approuve et plus un mot ! Buvons au Comité.

RODIN, bas à Salomon.

Dissimulons, mon cher, et faisons bonne mine ;
Depuis longtemps déjà, j'ai préparé la mine ;
La mèche est allumée, et j'attends le moment,
Sous peu je te promets son écartellement.

Rodin et Salomon, le sourire sur les lèvres, s'avancent et se jettent dans les bras de Rufianus.

(Tableau).

JANE-TAON.

QUI SE SENT MORVEUX SE MOUCHE

Ils étaient sur la place une vingtaine en tout,
Borgnes, cagneux, manchots, espèce de pénaille
Louche, crasseuse, laide et par surcroit canaille,
Tenant tout à la fois du cochon et du loup ;

Gens de sac et de corde, aux appétits voraces,
Bons à tout, prêts à tout, menteurs, diffamateurs,
Fourbes, lâches, méchants et vils entremetteurs,
Sans morale et sans cœur, voleurs, cocus bonnasses,

Ils s'étaient bien choisis — plus ou moins — tous véreux,
Asinus asinum fricat!
Près de ces braques
Vint à passer monsieur... l'appellerons-nous Jacques,
Pierre ou Paul? va pour Paul, ce sera moins scabreux.

En passant, M. Paul, sa tenue est correcte,
Fit dix pas de côté; il n'est pas défendu
D'éviter le fumier dans la rue étendu,
Je l'approuve, il fit bien, j'aime qui se respecte.

Murmure dans la bande, elle crie à l'affront,
Bavant, écumant, fol, Ursus l'apoplectique,
De colère il est noir, hurle, ameute sa clique,
Crache en l'air, le crachat retombe sur son front.

De vin sont-ils tous pris? les gros mots comme balles
Pleuvent : mandrins, crétins, coquins, et cœtera.

Ils lavent, ce me semble, entre eux leur linge sale.
Bravo, messieurs! je sais qui demain bien rira.

JANE-TAON.

Les noms des radicailleux peints d'après nature, dans les vers de Jane-Taon, restée inconnue, et la ménagerie de Babylas, que l'on a dit être d'Arthur Marsal, étaient connus de leurs contemporains. Mais pour que ceux qui viendront après nous sachent aussi quels sont ceux à qui on les a attribués et qui se sont reconnus eux-mêmes, nous les donnons dans ces appendices à nos mémoires ; ce sont : le Dr Devins, le Dr Noir, le Dr Vidal (de Paulhaguet), l'officier de santé Domas ; le banquier Amable Beraud ; le cafetier Andrieux ; le rentier Léotoing, dit *Finou* ; Alexandre Trioullier, dit *Larpiou ;* le commis des hypothèques Varenne ; le propre-à-rien Dufaux, dit *Patacou.*

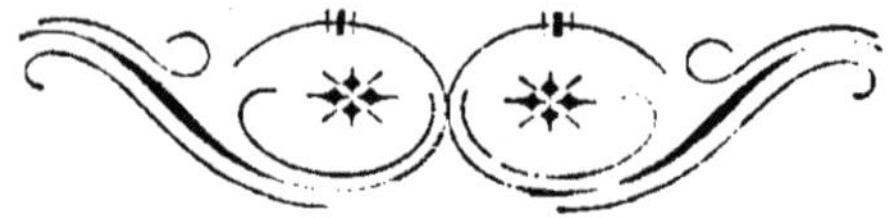

BRIOUDE. — IMP. ET LIB. CHOUVET, BOULEVARD DESAIX, 29.

BRIOUDE APRÈS 1889

J'avais dix-neuf ans lorsque j'ai commencé à entrer dans la politique militante, sous le drapeau de la République, avec mes aînés de ces générations, qui ont fait la Révolution de Juillet, contre les Bourbons du droit divin, la Révolution de Février, contre les Bourbons de la branche orléaniste, et qui ont donné des combattants, des chefs, à celles qui ont résisté au coup d'Etat de Décembre, conspiré contre l'empire du troisième et dernier Napoléon, et fondé la République de Septembre, en renversant l'empire et son empereur.

Alors, Charles X, le roi du droit divin, s'appelant le fils de Saint-Louis, d'Henri IV, de Louis XIV, était sur son trône, qu'ombrageait le drapeau blanc, semé de fleurs de lys d'or. Au-dessous de lui, en vertu d'une charte octroyée, se trouvait une chambre haute — celle des pairs de France — où siégeaient des princes, des cardinaux, des nobles, de grands fonctionnaires nommés à vie, par son bon plaisir, et une chambre basse, celle des députés, dont les membres, élus par le double vote d'électeurs payant, les uns 500 francs d'impôts, les autres 300, devaient avoir une contribution de 1,000 fr. au moins.

Les conseils municipaux, les conseils généraux, les maires, étaient nommés par le roi. La jeunesse française des deux sexes était livrée, pour l'instruction à tous ses degrès, à la congrégation dont les jésuites étaient les directeurs, les ignorantins les soldats. Et c'était dans des taudis sans air, sans lumière, que les rares enfants du peuple admis à l'école, apprenaient l'histoire sainte, avec un peu d'écriture, de lecture, de calcul, passant la moitié de leur temps à chanter des cantiques et réciter des prières.

Le budget de l'instruction primaire n'atteignait pas un million, et c'était un milliard que les émigrés, qui avaient combattu contre la patrie, dans les armées de la coalition, recevaient, d'un impôt prélevé sur la nation.

Comme au 10 août, les Tuileries étaient gardées par des suisses et des gardes du corps ; et alors que le service militaire durait sept ans, la garde royale, privilégiée, paradait en face de l'armée active.

Les libertés de la presse, de réunion, d'association, de conscience, n'existaient plus : la censure, l'autorisation d'imprimer, de publier un journal, la loi du sacrilège, le repos forcé des dimanches et jours de fêtes, l'enfouissement, dans le coin des suppliciés, des morts inhumés sans les cérémonies de l'Eglise, les billets de confession obligatoires pour beaucoup, les remplaçaient.

En revanche, la bourgeoisie était libérale, voltairienne. La jeunesse était républicaine, passionnée pour la liberté, pour le droit, acclamait l'opposition, dont étaient les organes, à la Chambre, le général

Foy, le général Lamarque, Manuel, Benjamin Constant, Lafitte, etc.; dans le parti révolutionnaire, le général Lafayette, Voyer d'Argenson, Dupont de l'Eure, Audry de Puyraveau, etc.; dans le journalisme, Armand Carrel.

Les paysans, sans instruction, sans droits, mal logés, mal nourris, salariés pour la plus grande partie, gagnaient 1 fr. 50 par jour, étaient sous la domination des nobles et des bourgeois qui les faisaient travailler.

En 1889, la République est fondée; le petit-fils du grand Carnot, le conventionnel, est président de la République. La France a payé cinq milliards pour libérer son territoire de l'occupation allemande. Le service militaire, réduit à trois ans, est obligatoire pour tous; l'instruction publique est laïque, obligatoire et gratuite, donnée dans des écoles vastes, claires, aérées, par un personnel instruit, convenablement rétribué, qui, avec les éléments des connaissances humaines, l'histoire, la géographie, les sciences naturelles, enseigne aux enfants, les droits et les devoirs civiques, qui en font des hommes, apprend les exercices qui fortifient le corps; le budget de l'instruction primaire dépasse 50 millions; les libertés de la presse, de réunion, d'association, de conscience, sont consacrées par la loi et presque illimitées; la question sociale est posée, se fait jour par les institutions, comme les syndicats ouvriers, les caisses de retraite et de secours, les sociétés coopératives de consommation, de production, les garanties contre les accidents de travail.

C'est par le suffrage universel qu'est élue la Chambre des députés, qui partage le pouvoir législatif avec un Sénat, nommé par le suffrage restreint il est vrai, mais se renouvelant par tiers, et ayant pour électeurs, des délégués des conseils municipaux ; les conseils municipaux, les conseils d'arrondissement, les conseils généraux, sont élus par le suffrage universel et nomment leur président.

C'est à une assemblée nationale, issue du suffrage universel, qu'est due la constitution qui nous régit. Cette constitution, faite par une assemblée qui avait usurpé le pouvoir constituant, est encore entourée d'institutions monarchiques, mais elle peut être revisée, et le sera, le jour où le peuple souverain, par le choix de mandataires résolus à avoir raison du Sénat, le voudra.

Les paysans, dans nos pays au moins, sont devenus propriétaires d'un petit coin de champ ou de vigne qu'ils cultivent avec amour, en même temps qu'ils gagnent 3 à 5 francs par jour, en travaillant pour les autres, moins longtemps, moins bien même que lorsque les bras abondaient. Ils ont acquis assez d'aisance, d'instruction, pour pouvoir être indépendants et apporter d'importantes améliorations dans leurs maisons, leur ménage, jouissent de leurs droits politiques, et, comme partout, étant le nombre, ils ont dans leurs mains, par le bulletin, le sort des élections.

La Restauration, avec ses jésuites et ses congrégations, le gouvernement de Juillet, avec ses corrupteurs et ses corrompus, l'Empire, avec ses préfets à poigne et ses mouchards, avaient mis naturellement leur marque sur cette partie de la classe laborieuse. Heureusement, la République, en donnant à tous le suffrage universel et l'instruction, a éclairé les paysans sur leurs droits. Elle laissera une empreinte qui ne s'effacera pas.

Nos paysans envoient encore leurs enfants à l'école congréganiste, bien qu'il y ait à côté d'elle des écoles laïques; vont parfois à la messe. Ils pourront aussi, comme la démocratie des villes, se laisser emporter à la dérive, par engouement pour un homme, le désir du changement, du nouveau, le prestige du panache, les boniments sonores, bruyants, de quelques charlatans politiques, une popularité de mauvais aloi.

L'aventure de la boulange, pastichée en petit chez nous, par l'intransigeance, donne la preuve qu'en ce genre tout est possible. Toutefois, ils n'aiment pas les curés, assistent avec empressement aux obsèques — devenues assez fréquentes — des libres-penseurs; célèbrent avec entrain les fêtes républicaines. Ils ne retourneront plus à leur vomissement.

L'instruction laïque, en répandant de plus en plus la lumière, leur apprendra que leur intérêt — qui les dirige avant tout, il faut le dire — demande qu'ils n'aient pas de maîtres, s'ils veulent avoir la paix et un gouvernement à bon marché.

Ici, le rendement des vignes, avant les maladies qui les ont envahies, avait enrichi nos paysans, qui vendaient bien leurs vins, récoltés en abondance. Aussi, une transformation sensible s'était opérée dans leurs habitudes, dans leurs ménages, ce qui était apparent par les innovations qu'ils ont apportées dans leur logement, leur costume, leur nourriture.

Dans les villages, les maisons modernes ou modernisées, sont blanchies à la chaux, bien percées de fenêtres et de portes encadrées de pierres de taille. A leurs repas, les dimanches au moins, s'étale sur la table de cuisine une nappe blanche, sur laquelle, on sert, plus d'une fois par semaine, de la viande, des plats sucrés, arrosés de petit bleu du cru, qui toujours n'est pas de la piquette, et le pain de froment y figure à côté du pain de seigle; c'est dans des voitures de chasse que viennent à la ville les fermières et fermiers, qui jadis y venaient à pied ou sur un seul cheval, la femme en croupe.

Les anciens seuls ont conservé la veste et le pantalon de bure ou de couleur bise, le chapeau noir rond en feutre épais, les sabots ferrés, la chemise à col raide, sans cravate. Les jeunes, s'ils ont adopté pour leur costume de travail, la blouse bleue de l'ouvrier, portent, les jours de repos, des pantalons et vestons de drap noir ou foncé, des chapeaux melons de couleurs variées, des souliers cirés ou des bottines, des cravates de fantaisie.

Les vieilles paysannes n'ont point abandonné la coiffe blanche de linge, les robes en lainage de couleur sombre, le tablier en cotonnade. Elles ont au contraire échangé le petit châle triangulaire flottant sur les épaules, contre des vareuses en flanelle commune. Le long châle tapis n'est cependant pas dédaigné par les plus *cossues*. Leurs filles portent des chapeaux ornés de rubans ou de fleurs, des mantelets de soie, des vestes assorties à la robe qui est à la mode du jour, des gants beurre frais, des ombrelles de nuances variées.

Les enfants en bas âge ont des mises copiées sur des gravures de mode, sont promenés dans de petites calèches capitonnées, à capote de cuir. Ce n'est que lorsqu'ils vont à l'école primaire, que les grands endossent une blouse noire qui, de loin, les fait prendre pour de petits séminaristes.

Il n'y a plus de distinction entre la classe des paysans et celle appelée jadis des artisans, qui comprenait les ouvriers de la ville, où il n'y avait ni usines ni fabriques, et les représentants des anciens corps de métiers : les boulangers, bouchers, cordonniers, plâtriers, charpentiers, etc. C'est dire que les bergères de Brioude, si coquettes avec leurs bonnets à la folle, tout enrubannés, leur robe rose, leur tablier noir, leurs *isclio*, *peintra de nigro, bourda de roudzo,* ont disparu. C'est la minorité qui porte encore le bonnet de linge bordé d'une étroite dentelle, qu'entoure un large ruban formant cocarde sur la tête, et dont les bouts retombent sur les côtés.

Aux bals, où les danseuses ne viennent plus en robe blanche, les danseurs gardent souvent, même en dehors des danses sur le gazon, en plein vent, le chapeau sur la tête, fument la cigarette ; et c'est rarement que la bourrée d'Auvergne est dansée au milieu des valses et des polkas.

Aussi, sur les promenades, dans les lieux de réunion, on ne voit plus que des « bourgeois et des bourgeoises », si c'est l'habit qui fait la bourgeoisie.

La concurrence et le besoin de ménager la pratique, rendent la partie de la population ouvrière bien qu'elle soit plus intelligente et plus instruite, moins indépendante en politique que celle des travailleurs de la terre, et ne lui fournissent pas autant les moyens d'augmenter son avoir. Elle est, comme les commerçants, en majorité républicaine, en minorité cléricale, et n'a pas donné dans la radicaillerie.

Les paysans, sous la République de Février, se divisaient dans la campagne, comme dans notre ville essentiellement agricole, en *rouges* et en *blancs*. Les rouges étaient les républicains sans épithètes ; les blancs étaient les *monarchistes* qui reconnaissaient pour chefs les nobles légitimistes, les bourgeois orléanistes et les curés.

Aujourd'hui, il n'y a plus en réalité que des tricolores et des noirs. Les tricolores sont des républicains qui ne regrettent, ne demandent ni rois ni empereur, et catholiques ou non, sont indépendants de l'église. C'est l'internationale seule, composée des ouvriers des mines, des usines, qui arbore le drapeau rouge.

Les noirs sont les cléricaux, qui reçoivent en religion comme en politique, le mot d'ordre de leurs curés, lesquels, suivant les temps, les lieux, veulent mettre l'autel sur le trône, où le trône sur l'autel. Dans notre arrondissement toutefois, depuis 1885, il s'est introduit chez les paysans du parti républicain par les manœuvres d'une poignée d'intrigants, jésuites doublés de mandrins, voulant diviser pour règner, une nouvelle classification qui, consacrée dans le monde politique, n'a aucune raison d'être, aucun sens, dans le monde travailleur.

Tant que la législation directe ou simplement le *referendum*, ne seront pas institués par la Constitution, le peuple, en effet, n'a ni le droit, ni le pouvoir, ni la mission de proposer, voter, promulguer aucune réforme, pas même une simple loi.

Il y a les *radicaux* et les *opportunistes*. Tous veulent garder ces trois grandes réformes que leur a données la République : le suffrage universel, l'instruction laïque, le service obligatoire pour tous. En dehors de cela, tous sont aussi radicaux et opportunistes les uns que les autres ; ou, pour mieux dire ne sont pas plus radicaux ou opportunistes les uns que les autres. Les républicains de la division, s'attribuant le nom, la qualité de *radicaux*, bien qu'ils ne soient que des radicaux en baudruche, et repoussant la concentration républicaine pour faire alliance à la réaction, ont donné le nom de *radicaux*, à ceux qui les soutiennent, votent pour eux, et celui d'*opportuniste* à n'importe quel républicain qui les combat et vote contre eux.

C'est donc ici d'une question de personne et non de principes ou même de nuance, qu'il s'agit. Cela n'empêche pas que cette division n'existe en fait, et ne cessera qu'avec le règne de la radicaille.

La bourgeoisie revenant en arrière, est en grande majorité, cléricale d'abord, réactionnaire, anti-républicaine, ensuite; elle regrette surtout la monarchie de Juillet, où elle était tout. Sa jeunesse comme celle aussi des classes aristocratiques, riches ou simplement à l'aise, est sceptique en poiltique comme en tout; elle appartient au parti prêtre, parce que cela est bien porté dans ce qu'on appelle la haute société, mais quoique sortie des jésuitières ou des petits séminaires, qui en infestent l'armée, elle pratique sans croire, et vieillie avant le temps, ne songe qu'à arriver à la fortune, aux places, aux honneurs?

Voici ce que dit de cette jeunesse française, qui devrait être l'espoir de la patrie, un écrivain de talent, qu'on ne peut pas accuser d'être un révolutionnaire ou un vieux *laudatus temporis acti*, Paul Bourget : son type principal est cynique, volontairement jovial; il a déjà vingt ans, fait le décompte de sa vie, et sa religion tient dans un seul mot, *jouir*, qui se traduit par cet autre, *réussir*. Qu'il fasse de la politique ou des affaires, de la littérature ou de l'art, du sport ou de l'industrie; qu'il soit diplomate ou avocat, il n'a que lui-même pour dieu, pour principe et pour fin.

Les temps héroïques a dit Gambetta, sont passés. Brioude, sous le rapport de l'industrie et du commerce, s'est également transformé, bien que par le grand nombre de paysans, cultivateurs ou vignerons, travaillant leurs propriétés ou celles des autres, soit à la journée soit comme fermiers, il soit resté agricole. Le commerce semble très florissant, à en juger par la multiplication des magasins s'épicerie, de mercerie, de nouveautés, et des cafés, des buvettes, des boulangeries, des boucheries, qui existent, et de la quantité de marchands forains qui, les jours de foires et de marchés, encombrent ses rues et ses places.

Au fond, les marchands se font une concurrence qui n'est pas compensée par l'accroissement des chalands ou acheteurs, surtout depuis que les vignes dont les récoltes abondantes et de bonne qualité avaient enrichi nos vignerons, sont atteintes par des maladies de divers genres, le mildiou, l'anthracnose, le pouridium, le phylloxéra. S'il y a peu de faillites, il y a peu aussi de commerçants qui font fortune.

L'industrie et les arts et métiers qui s'y rattachent ont fait quelques progrès. De ce qu'elle possédait sous l'ancien régime ou au commencement de ce siècle, voici ce que notre ville a perdu : sa fabrique de draps londrins, ses tanneries, ses foulons, ses filatures de coton, ses fours à chaux, ses poterie, ses tisserands. En revanche, elle a maintenant des hauts fournaux pour travailler les minerais d'antimoine, dont les mines sont depuis peu exploitées dans les communes de Saint-Just, Mercœur et Ally ; des scieries mécaniques ; des ateliers de tailleurs de pierre, qui fournissent des tombes plus ou moins bien sculptées, aux cimetières de la ville et des villages voisins, où chacun, riche ou à l'aise achète des concessions ; des dépôts de charbons, des brasseries et malteries, des ateliers d'ébénisterie et de passementerie qui est pour le nord de la Haute-Loire, ce qu'est l'industrie de la dentelle pour son midi.

En agriculture, la vieille routine de nos pères n'est pas complètement morte. On ne fait point encore de la culture extensive, excepté peut-être dans la partie de notre plaine occupée par les jardiniers. Les vignes sont descendues, des coteaux dans la plaine où la quantité remplaçait la qualité, jusqu'au jour où elles ont été partout envahies par les maladies. Les charrues modernes ont détrôné les vieilles araires; mais la grande et heureuse innovation a été l'introduction des machines à battre, qui épargnent le temps des agriculteurs, associent en quelque sorte, dans la saison des battaisons, les voisins, les amis, faisant gratuitement les uns chez les autres, le service de la machine, ce qui est le premier échelon des syndicats ruraux.

Le goût des fleurs s'est développé, ce qui a fait éclore des jardiniers-fleuristes. Dans les campagnes comme aux environs des villes, les chemins jadis impraticables, sont bons, bien entretenus, les grandes routes sont plantées de platanes qui ont remplacé les noyers d'autrefois. Sur les rivières, ce sont les ponts qui ont été substitués aux bacs ; les péages qui empêchaient la circulation gratuite des riverains de l'Allier, ont été supprimés en vertu de la loi, à l'aide des souscriptions des communes, des subventions du département et de l'Etat.

Dans Brioude, les cimetières, placés autour des églises, les fossés vaseux qui entouraient les murs, les puits dont les eaux séléniteuses étaient la boisson de tous, les tueries particulières infestant tous les quartiers, ont disparu, pendant que dans les environs, ont été rendues a la culture, les cloaques et les étangs, causes de fièvres. A leur place on trouve un cimetière planté d'arbres, des promenades, des fontaines jaillissantes, un abattoir convenable, des prairies et des vignes.

Voici à titre de renseignements, le nombre des ouvriers, industriels ou commerçants qui, il y a un demi-siècle, résidaient dans notre ville.

Sabotiers, 18 (les premiers sabots dits de Clermont, avaient été fabriqués peu de temps après 1840, par Jonquoy et Robert ; aubergistes, 11 ; boulangers, 40 ; bourreliers, 5 ; bouchers, 25 ; bijoutiers, 3 ; brasseurs, 1 ; marchand de bois, 1 ; banquiers, 2 ; bacholiers, 3 ; cabaretiers, 20 ; menuisiers, 19 ; peigneurs de chanvre et laine, 5 ; charcutiers, 3 ; cordonniers, 13 ; chapeliers, 12 ; cordiers, 6 ; fabricants de chaises, 3 ; couteliers, 4 ; confiseurs, 5 ; ciriers, 3 ; épiciers, 15 ; experts, 5 : entrepreneurs de transports publics, 1 ; marchands de fruits et fromages, 3 ; marchands de fer, 3 ; marchands de faïence et poterie, 5 ; marchands de grains, 2 ; frippiers, 2 ; ferblantiers, 3 ; horlogers, 3 ; libraires et imprimeurs, 2 ; maçons, 14 ; merciers, 23 ; maréchaux, 8 : nouveautés, 1 ; poëliers, 1, marchands de parapluies, 2 ; pharmaciens, 3 ; pâtissiers, 2 ; marchands de planches, 1 ; perruquiers, 6 ; plâtriers, 4 ; quincailliers, 3 ; serruriers, 11 ; marchands de tissus coton, 7 ; tailleurs d'habits, 11 ; tailleurs de pierres, 1 ; tisserands, 8 ; tanneries, 2 ; teinturiers, 2 ; voituriers, 7 ; marchands de verres à vitre, 3 ; vins étrangers, 1.

LA RADICAILLE

La situation des deux fractions qui, dans le parti républicain, se combattent dans Brioude et son canton, depuis 1885, est restée de 1889 à 1893, sans changements apparents. La *radicaille* y a toujours été la plus forte ; ses candidats ont, ainsi qu'on va le voir, triomphé facilement, aux élections pour les conseils de la commune, de l'arrondissement, du département. des candidats républicains qu'elle appelle opportunistes, et des candidats réactionnaires, qui, en s'alliant ensemble, ce que les républicains n'ont jamais voulu faire, auraient eu partout, toujours, la majorité. La fraction radicailleuse, c'est-à-dire des radicaux en baudruche, s'est grossie de toute la cohue des déclassés, des vagabonds, des fainéants, des ivrognes, la plupart étrangers à la ville où ils sont venus s'implanter, et qui s'achètent par l'aumône faite sous le nom d'ateliers de charité, de bureau de bienfaisance, de travaux et emplois communaux, etc.

Mais elle a perdu les républicains qui, par leurs antécédants politiques, leur position, leur notoriété, les mandats qu'ils avaient reçu de leurs électeurs, ou leur personnalité tapageuse, furent ses chefs de la première heure.

Nous, qui étions leur doyen à tous, et dont ils ont souhaité si souvent, si cyniquement, la mort, nous avons vu Jules Maigne, qui les avait lâchés depuis 1891, Pichat, Andrieux, Victor Robert (du Puy), mourir à peu d'intervalle les uns des autres, le d^r^ Noir, abandonner Brioude et son parti ; les d^rs^ Francisque Maigne ; Chantelauze ; Vidal, de Paulhaguet ; l'officier de santé, Domas ; Trioullier

Alexandre; Tallandier, cultivateur; Coutarel, de Lempdes; Bard, de Saint-Géron, se séparer d'eux avec éclat.

Il ne leur est resté que le d[r] Devins, maire de Brioude, conseiller général du canton, et l'ex-banquier, Amable Beraud, président du tribunal de commerce. Le premier est un jésuite rouge, qui, gonflé d'ambition, a passé sur le ventre de tous ses amis, pour parvenir aux honneurs, au pouvoir. Le second est un égoïste, pétri de fiel et de bile, qui, à la vanité d'être au premier rang, préfère la jouissance d'inventer et diriger, du fond de son cabinet, les manœuvres au moyen desquelles ceux qui y sont, peuvent servir ses haines en combattant à outrance ses ennemis personnels, Seulement le d[r] Devins a été tué moralement par le scrutin du 16 avril, a la dernière élection législative ou il a été aplati par une majorité de 2,400 voix ; et l'aimable Beraud, *imitant de Conrard le silence prudent*, s'est enfermé dans sa coquille, ne s'étant prononcé ouvertement, à cette élection, ni pour ni contre son ami Devins, pas plus que pour le candidat de son ami Francisque Maigne.

La *radicaille* est donc à cette heure un parti qui n'a pas de tête, mais garde une queue immonde, composée de braillards, de broullions, la plupart tarés et ayant personnellement ou dans leur famille, un casier judiciaire. C'est elle qui entraîne une foule ignorante, aveugle, affolee, au milieu de laquelle surgissent quelques républicains sincères, honnêtes mais dévoyés, inféodés à leur maître.

Il faut dire que celui-ci avait trouvé le moyen d'avoir un pied dans toutes les classes comme dans tous les partis. Pendant qu'il fraternisait avec les collectivistes Baudin, Thivrier, Argyriadès, qu'il avait appelés à Brioude, pour défendre en police correctionnelle, Domas son coreligionnaire d'alors, poursuivi pour diffamation, il était dans les meilleures relations du monde avec nos deux derniers procureurs, MM. Marmoiton et Pacton, lesquels, avec un caractère et des goûts différents, s'ils s'emballaient quelquefois également sur leurs sièges par des motifs divers, avaient à coup sûr, des opinions républicaines très modérés. Et alors qu'il attaquait avec violence les meilleurs républicains, acceptait le programme des *sans patrie*, il était compère compagnon avec le sous-préfet Mirande, un ultra-opportuniste qui, avec ses moustaches tombantes, ses pantalons à la hussarde, ses allures peu civiles, ressemblant à un ancien capitaine de douaniers, s'appelait le père des pompiers et n'a jamais manqué l'occasion de faire une sottise. Il pouvait compter enfin, sur la plupart des employés des ponts et chaussés dont le chef était l'architecte de la ville; et il avait pour sa police un commissaire sans moralité, sans vergogne, ivrogne et coureur de cafés, qui pour de l'argent, déconçait, poursuivait ou laissait impunis, les délinquants qu'il croyait être les ennemis ou les amis de l'administration.

Malgré tout, en temps ordinaire, malgré les insolences, les forfanteries, les provocations, des meneurs de la bande à Devins, l'on ne s'apercevait que rarement en ville, de cette oppression ou compression municipale, qui dans les petites communes ou règnent les maires de la radicaille, Saint-Just, Lempdes, Vergongheon par exemple, dégénérent en véritable tyrannie.

Le fond de la population étant resté saine, la presse, l'autorité supérieure et les hommes indépendants et éclairés de tous les partis, mettent un frein aux actes arbitraires, au bon plaisir, aux excès de pouvoir, abus d'autorité, qui s'y produiraient.

Ce n'est qu'aux élections, qu'il s'établit encore un de ces courants qui, parce qu'il s'y mêle quelques éléments vaseux, quelques ferments désorganisateurs, emportent tout ce qui se trouve sur leur passage, jusqu'au moment ou ils s'évaporent en vapeur.

Lors du renouvellement du conseil municipal en mai 1891, il y eut, au premier tour de scrutin, trois listes, celle de *l'Alliance républicaine*, de la radicaille et de la réaction. Notre sénateur Allemand était en tête de notre liste qui comprenait une partie des anciens conseillers municipaux républicains. Esculier, Grenier-Moulin, moi et quelques autres de nos amis, avions décliné toute candidature, c'était leurs conseillers sortants que portaient les radicailleux. Les conservateurs présentaient à peu près les mêmes candidats qui figurent sur toutes leurs listes.

Les résultats du scrutin donnèrent sur 1,443 votants, à la liste radicailleuse, de 642 voix (Devins), à 421 (Audrieux). A la liste réactionnaire, de 397 voix (Denier), à 268 (Alzaix-Moutet). A la liste républicaine, de 483 voix (Allemand), à 267 (Rocle).

Des voix républicaines et réactionnaires s'étaient portées, cela est évident, sur une partie des candidats de la liste radicailleuse dont un seul, Devins, avait été cependant élu. Les candidats républicains mis en minorité, déclarèrent qu'ils ne se représenteraient pas au second tour de scrutin, qui eut lieu le dimanche suivant.

Les conservateurs, qui se donnaient comme libéraux, persistèrent à affronter la lutte, en voici le résultat :

Sur 1170 votants, la liste radicailleuse obtint de 747 voix (Monatte), à 573 (Andrieux), qui faillit rester à la porte du conseil, ayant dans les réunions électorales de son parti, été disqualifié.

La liste cléricale recueillit de 520 voix (Denier), à 342 (Portalier-Vezin). Des républicains, une centaine de voix avait voté pour les intransigeants, une centaine pour les libéraux, les autres s'étaient abstenus. Heureusement, cette tâche de ce qu'on pourrait appeler la *boulange* brivadoise, s'il était permis de comparer les petites choses aux grandes, ne s'est pas étendue dans les cantons voisins.

Infatué de ses triomphes dans la ville et le canton de Brioude, le Devins du village... de Beaumont, a eu le toupet de se présenter d'abord comme candidat au Sénat, ensuite comme candidat à la Chambre des députés. Il n'avait d'autres titres à invoquer, que son alliance avec les cléricaux, contre les sénateurs sortants Vissaguet et Lafayette, et que sa nomination de président du conseil général, lorsqu'il venait de succéder à Jules Maigne. Il a été aplati par le suffrage restreint, battu à plate couture par le suffrage universel.

Au mois de mars 1891, la mort imprévue de notre regretté sénateur, Edmond de Lafayette, ayant laissé une place vide au Sénat pour un représentant de la Haute-Loire, plusieurs candidats se mirent ou furent mis sur les rangs ; c'était dans notre arrondisssement, MM. Allemand, juge ; le d[r] Chantelauze ; le d[r] Devins dans celui du Puy. MM. Jouve, ancien député ; Ernest Bonnet, receveur particulier des finances à Ambert, ancien maire du Puy, Grellet, conseiller général, et Calemard Lafayette fils, propriétaire de Chassagne, arrondissement de Brioude.

Il était depuis longtemps adopté en fait, passé en

force de chose jugée, que chaque arrondissement devait avoir son représentant au Sénat. Le Puy avait le sien, M. Vissaguet; Brioude aussi, Edmond de Lafayette; et l'arrondissement d'Yssingeaux, par suite de l'élection du général Chabron comme sénateur inamovible, était également représenté. Après la mise à exécution de la loi qui attribuait un troisième sénateur à la Haute-Loire, et la mort du général Chabron, on s'accordait généralement dans le parti républicain, à laisser à l'arrondissement de Brioude, le droit de présenter, en ce moment, le candidat à élire.

L'arrondissement d'Yssingeaux, qui aurait pu seul faire valoir ses prétentions à un réprésentant au Sénat, n'avait manifesté aucun désir de donner un successeur à M. Edmond de Lafayette. En revanche, l'arrondissement du Puy déjà representé par M. Vissaguet, en mettait quatre en ligne, deux républicains et deux conservateurs, ceux-ci étaient portés par la réaction clérico-bonaparteu-orléaniste du département entier. Le parti républicain tout entier n'avait qu'à les combattre.

C'était au nom de ce principe : « les sénateurs comme les députés, étant les représentants de tout le département et non d'une circonscription, doivent être choisis dans n'importe quelle circonscription, » que notre ami Jouve, qui avait tant de droits, par son passé, les services rendus, sa double transportation en Afrique par le coup d'Etat, de recevoir un mandat de sénateur, se présentait à la députation! mais il avait le tort de ne pas représenter les opinions politiques de l'arrondissement de Brioude, et d'être atteint d'une surdité, qu'il avouait, en disant qu'au Sénat il n'y avait pas mal de pères conscrits qui avaient la même infirmité.

C'est ce que Rochefort avait dit en ces termes : Nos sénateurs sont en majorité sourds comme des pots et raisonnent comme des cruches.

M. Bonnet, qui, entré assez tard dans la politique républicaine, avait été nommé maire du Puy, chevalier de la légion d'honneur, receveur particulier des finances, n'avait guère de raisons de poser contre Jouve et Allemand, sa candidature, qui était appuyée par le *Républicain de la Haute-Loire*, journal alors d'opinions peu accentuées. Dans notre arrondissement la lutte s'engageait entre M. Allemand, appuyé par *l'Abeille Brivadoise*, le d^r^ Chantelauze, favori du journal *La Haute-Loire*, et le d^r^ Devins, soutenu par son *Radical*. Inutile de dire que *l'Echo du Velay* et le *Moniteur de Brioude* combattaient pour leurs Grellet et Calmard de Lafayette.

Le d^r^ Chantelauze se présentait lui-même, comptant principalement sur ses amis du Puy. La candidature d'Allemand était proposée par le comité de *l'Alliance républicaine* de Brioude.

Le d^r^ Devins, suivant les us et coutumes de sa bande, avait convoqué à Brioude, sous le nom de réunion publique, les électeurs de l'arrondissement qu'il savait lui être complètement dévoués, et par conséquent devoir acclamer sa candidature, censée présentée pour la forme, par le comité électoral dont les membres n'ont jamais été connus ; le résultat était connu d'avance.

Aussi, ceux, comme le d^r^ Chantelauze, qui bien qu'ayant été convoqués par lettres particulières, ne voulaient pas être dupes d'une pareille comédie, ne vinrent pas à la réunion où se trouvaient 56 radicailleux, en grande majorité, du canton de Brioude.

Le d^r^ Devins y fut nommé candidat unique par 48 voix ; et il se proclama immédiatement le seul et vrai candidat du département de la Haute-Loire. Cela n'empêcha pas le comité central, d'avoir, à la veille de l'élection, au Puy, une réunion où tous les candidats furent invités à se rendre. Tous répondirent à l'appel et, à l'exception d'un seul, prirent, sur l'invitation du bureau, l'engagement de se désister au dernier tour de scrutin, en faveur du candidat qui aurait eu le plus de voix aux premiers. Celui qui se dispensa de prendre cet engagement, était le d[r] Devins ; il était sorti de la salle, après avoir été malmené par Jules Maigne, qui lui reprocha vivement d'avoir escamoté la candidature à Brioude, en n'y convoquant que ses partisans.

Instruit du mauvais effet produit par cette *dérobade*, il fit placarder avant l'ouverture du scrutin, quelques affiches annonçant qu'il prenait le même engagement que les autres candidats. Nous allons voir comment il tint cet engagement.

Au premier tour de scrutin, les voix se répartirent ainsi :

RÉPUBLICAINS

MM.	
Allemand.........	141 voix
Chantelauze.......	107
Jouve	78
Devins............	67
Bonnet	42

RÉACTIONNAIRES

MM.	
Grellet............	215 voix
Calmard Lafayette.	52

A la suite de ce résultat, M. Bonnet retira sa candidature en ces termes :

Je remercie les 42 électeurs sénatoriaux qui ont bien voulu se compter sur moi et m'accorder leur confiance. En renonçant à la lutte, je les prie instamment de me donner une nouvelle preuve de leur attachement à la démocratie en reportant leurs voix, au 2e tour de scrutin, sur un candidat républicain.

M. Andrieux annonça que M. Jouve, atteint de la maladie qui devait l'enlever quelques jours après, retirait également sa candidature.

A la suite de deux réunions tenues, l'une par les intransigeants, l'autre par les conservateurs, le dr Devins fit afficher un placard annonçant qu'il se désistait en faveur du dr Chantelauze, et c'est au cri de vive Chantelauze, que sa poignée de fidèles, le cafetier Andrieux en tête, fit voter pour lui.

Le comité réactionnaire publia que MM. Grellet et Fernand-Calemard Lafayette, avaient d'un commun accord, décidé que M. Grellet restait seul candidat au Sénat, et prièrent leurs amis de lui donner leurs suffrages.

Le second tour donna :

RÉPUBLICAINS

MM.	
Allemand........	225 voix
Chantelauze......	201
Jouve............	9
Bonnet...........	1

RÉACTIONNAIRES

MM.	
Grellet...........	260 voix
Calmard Lafayette.	2

Immédiatement, le dr Chantelauze a fait afficher la déclaration suivante : « Fidèle à mes engagements je me désiste en faveur de M. Allemand, qui reste le candidat de la République, et j'invite les électeurs qui m'ont donné leur voix, à les répartir sur lui. »

Le dr Devins ne souffla mot. Au dépouillement du

scrutin. M. Allemand obtient 369 voix; M. Grellet, 304; bulletins divers ou blancs, 28.

M. Grellet a recruté avec ses 260 voix du second tour de scrutin, 44 voix des autres candidats; M. Allemand a reçu avec ses 225 voix du second tour, les 107 voix de M. Chantelauze du 1er tour, plus 37 voix diverses. Les 44 voix données au réactionnaire, et les 28 bulletins divers ou blancs, trouvés dans l'urne, représentent presque exactement, le chiffre de suffrages obtenus au premier tour de scrutin, par le d[r] Devins. Cela prouve d'une manière évidente, que des 60 radicailleux ayant voté au premier tour de scrutin pour Devins, la moitié a voté pour celui-ci, l'autre moitié a mis la crosse en l'air.

Le malhonnête et faux répbulicain, qui était leur candidat, a donc, au scrutin qui devait décider de la victoire, voté contre le républicain Allemand, et pour le réactionnaire Grellet, ou n'a pas voté pour lui, en s'abstenant, ce qui pouvait avoir les mêmes conséquences. Il doit rester flétri, comme ayant manqué aux traditions du parti républicain et à ses engagements.

Dans les arrondissements du Puy et d'Yssingeaux comme dans celui de Brioude, l'élection de notre ami Allemand a été saluée d'acclamations unanimes.

Le canton et la ville de Brioude au contraire, sont demeurés inféodés à Devins et à sa bande.

En 1892, aux élections du Conseil général et du Conseil d'arrondissement renouvelés par moitié, les républicains, portaient au Conseil général, M. Védry, avocat, et au Conseil d'arrondissement, MM. Porte, propriétaire, maire de Cohade, et Grenier-Vigier, propriétaire à Vieille-Brioude. Les radicailleux avaient pour candidats, le d[r] Devins, conseiller général sortant, Boudon-Latulipe, marchand de bois, et le maire de Paulhac, Taillebot, cultivateur. Les conservateurs s'abstinrent.

Le résultat du scrutin fut :

CONSEIL GÉNÉRAL

	CANTON	VILLE
Devins (radical).........	2,074	738 (élu.)
Védry (républicain)......	1,081	340

CONSEIL D'ARRONDISSEMENT

Boudon-Latulipe (radical)	1,967	672 (élu).
Taillebot (radical).......	1,932	622 (élu).
Porte (républicain)......	1,112	352
Grenier (républicain)....	1,094	310

Quelques mois avant, Andrieux avait été remplacé par Taillebot, qui n'ayant pas de concurrents, réunit, dans le canton, 1,957 voix, dont 518 pour la ville.

Bien que nouvellement fixé au barreau de Brioude, M. Vedry, qui avait conquis le diplôme de docteur, par une brillante thèse sur les questions économiques et sociales, avait ni famille, ni propriété dans le canton, il avait obtenu cent voix de plus que moi environ, aux dernières élections.

Oubliant son aplatissement dans le canton de Lavoûte, en 1885, pour l'élection au Conseil général, et au Puy en 1891, pour l'élection, d'un sénateur les d[r] Devins, dont l'ambition, la vanité sont sans bornes, voulut reprendre sa revanche lorsque la mort de Jules Maigne, laissa un siège vacant à la Chambre des députés. Depuis plus d'un an, il était entré sournoisement, mais résolument en campagne, minant le terrain sous les pieds du député de Brioude, qu'il donnait, à mots plus ou moins couverts, suivant ses us et coutumes jésuitiques comme étant ramolli, devenu opportuniste et même clérical.

Pendant la période électorale, Rodin démasqua ses batteries et fit feu des quatre pieds. Tirant à boulets rouges, sur les républicains et sur son concurrent, le dr Chantelauze, franc-maçon comme lui, et pour lequel il avait fait voter et voté en 1891, afin d'en faire un sénateur, il chercha de rallier à son panache *lie-de-vin*, les *sans-patrie* et les cléricaux. Ainsi il acceptait le programme des verriers qui après, avoir fait une manifestation à Auzon, portant un drapeau où étaient écrits ces mots : *A bas les frontières*, déclarèrent dans une lettre qu'il accueillit dans son journal, sans protestation, sans observation, que ces mots signifiaient pour eux, *à bas la patrie*. En même temps, par l'intermédiaire, croit-on généralement, de son ami l'avoué Parfait Brunereau, correspondant électoral de Paul de Cassagnac, au temps de l'assemblée rurale de Versailles, et ancien rédacteur du *Moniteur de Brioude*, il faisait faire à une fraction du parti conservateur, des avances accompagnées de promesses qu'on peut pressentir, sans les connaître.

Seulement, tous les bons républicains connus, influents, avec lesquels il avait marché depuis 1885, et dont quelques-uns, Jules et Francisque Maigne s'étaient séparés de lui en 1891, l'avaient complètement abandonné. Ce ne furent pas les braillards, les énergumènes, les ivrognes, qu'après les avoir réunis dans une réunion privée à Brioude, il lacha comme une meute, à la chasse des électeurs, dans tout l'arrondissement, qui purent les remplacer. Malgré leurs aboiements et leurs manœuvres scandaleuses. Ils ne purent même pas empêcher le candidat du parti républicain de se faire entendre et développer son programme dans les divers cantons.

Ce programme était radical, et le candidat, qui en 1891, s'était désisté loyalement en faveur de M. Allemand, était appuyé par les trois journaux républicains du département, *l'Abeille Brivadoise*, *La Haute-Loire* et *le Républicain de la Haute-Loire*, organes de la concentration républicaine. Le *Nouvelliste de Lyon*, *l'Écho du Velay* et l'ex-boulangiste *Auvergnat de Paris*, ancien courtier électoral d'Andrieux et de Mary-Reynaud, le banqueroutier en fuite, soutenaient celui qui se présentait comme l'unique, le seul représentant du parti radical et n'était en réalité qu'un faux radical ou mauvais républicain, unjésuite rouge.

Le d[r] Chantelauze et lui étaient seuls sur les rangs. Le *Moniteur* des conservateurs brivadois avait annoncé que ce parti s'abstiendrait, tout en se ventant de pouvoir faire pencher la balance du côté qu'il voudrait.

La journée du vote fut très calme. Ce fut à minuit qu'on connut à Brioude, le résultat définitif du scrutin, qui avait donné les résultats que voici :

Dr Chantelauze......	10,650 voix (élu)
Dr Devins...........	8,062

Le candidat républicain avait obtenu une majorité considérable dans les cinq cantons de Langeac, Paulhaguet, Lavoûte, Pinols et La Chaise-Dieu. Dans celui-ci il lui avait été donné 1,442 voix contre 49 recoltées par Devins. Les cantons de Blesle, Auzon et Brioude, avaient mis le candidat des intransigeants en majorité. Le canton de Brioude lui avait porté 2.652 voix contre 1,200 données au d[r] Chantelauze ; dans Brioude même, les voix s'étaient ainsi divisées :

Dr Devins.......... 782
Dr Chantelauze..... 404

C'était la montagne qui avait écrasé la plaine. A cinq heures du soir, les bulletins de victoire arrivant des cantons les plus voisins, donnaient une majorité de 900 voix à Devins. Aussitôt la foule qui avait forcé les portes de la Sous-Préfecture, se rua sur les boulevards, pour acclamer le nouveau député, et la *Désharmonie des vieux enfants de Brioude*, la musique municipale, y courut armée de ses instruments pour lui donner une serénade.

Dans la maison Devins, tout le monde s'embrassait, et les amis venus des cantons voisins se disposaient, rangés autour de tables chargées de victuailles, à boire à la santé du triomphateur. Mais, *patatras!* les bulletins, qui tombent en avalanche de la montagne apportent l'éclatante victoire du dr Chantelauze, proclamé député avec 2,400 voix de majorité. Alors les rires se changent en pleurs et en grincement de dents; les musiciens rengainent leurs instruments et courent oncore; la foule s'écoule sans bruit et rentre, c'est le cas de le dire dans son lit. Les amis étrangers regagnent dans leurs tape-culs, sans tambour ni trompette, leurs communes.

Les radicailleux, après les élections pour le conseil général qui avaient fait triompher, à Auzon, l'officier de santé Domas, de M. Vesseyre; à Brioude, le dr Devins, de M. Vedry, avaient célébré leur victoire par des manifestations aussi bruyantes que scandaleuses. Non contents des aubades, illuminations, acclamations de circonstance, cris injurieux contre les vaincus, ils avaient, musique en tête, promené sur un âne, un homme de paille qu'ils brûlèrent sur le boulevard, après l'avoir percé d'un coup de couteau; et ils se disposaient à récidiver, lorsque le préfet intima l'ordre à son sous-préfet Mirande et à la gendarmerie, de réprimer de pareils excès.

Les républicains ont conservé le calme, la dignité, qui sont le signe caractéristique de la force, du droit; ils n'ont fait de manifestations d'aucun genre.

Si de la politique de la radicaille, nous passons à son administration dans ces quatre dernières années, ce qu'on a à constater, c'est que les abus d'autorité, la dilapidation des finances communales, l'arbitraire ignorant et brutal, n'ont fait que suivre une marche ascendante. Ayant en prenant le pouvoir, en 1885, trouvé dans le reliquat de l'administration à laquelle elle succédait, une vingtaine de mille francs disponibles, l'administration Devins n'a pu porter dans le budget supplémentaire de 1893, comme fonds disponibles, que quatre mille francs, et cependant, par le bénéfice de la loi qui a mis à la charge de l'Etat, le traitement du personnel de l'enseignement primaire, qui était payé avant par la commune, elle a trouvé une recette annuelle nouvelle de 7 à 8 mille francs; et elle a contracté ou va le faire, des emprunts amortissables avec des centimes additionnels.

C'est que pour donner satisfaction à des intérêts particuliers, ceux du maire, des adjoints, des conseillers municipaux, et acheter les voix des vagabonds et des va-nu-pieds du pays, elle a jeté une quarantaine de mille francs, par les fenêtres des maisons démolies, pour faire disparaître dans la rue d'Aguilher, la dernière qui faisait saillie et était condamnée depuis longtemps, élargir la place de la Fénerie, qui n'en avait nullement besoin, et aligner l'extrémité de la rue de Sébastopol, de manière à démasquer le café du *chic-épatant*, à l'adjoint

Andrieux. Ces dépenses non d'utilité publique, mais bien de luxe ou d'embellissement, ont coûté plus cher à la ville que les alignements entiers des rues d'Aguilher et de Sébastopol, faits par les autres administrations.

Elle a consacré 5,000 francs à l'établissement d'un chemin vicinal servant uniquement à l'exploitation de vignes, à celle entr'autres de l'adjoint Tourrette, et faisant double emploi avec un autre chemin vicinal et un chemin rural. Elle a semé une quinzaine de mille francs, pour la rectification d'un chemin d'intérêt commun ou de grande communication, qui n'est d'aucune utilité pour Brioude, obligé de payer seul, et pour lequel il ne sera même pas un embellissement, venant aboutir à la gare, hors de la ville. Mais ce chemin, tout en devenant plus long, sera en plaine, rendra plus facile l'accès de la vigne du conseiller municipal *Dubois* dont on fait des échalas, et permettra aux Devins père, mère, fils, femme et enfants, de se transporter plus rapidement en tape-cul, de Beaumont à Brioude, et de Brioude à Beaumont dont les habitants, ainsi que ceux des localités voisines, profiteront sans bourse délier, des agréments de la nouvelle route.

Enfin, pendant les hivers précédant les élections municipales et autres, elle a enterré quatre ou cinq mille francs dans la grenouillère, en y faisant faire, sous prétexte de la transformer, comme le voulut aussi, l'ancien maire Pradier-Faurot, en parc anglais où il n'y aurait eu jamais ni ombrages, ni verdure, ni fleurs, des terrassements, des allées, des plantations. Les paresseux et les ivrognes du joli monde de la radicaille, y flanaient plutôt que travaillaient dans des chantiers, appelés de charité, sous la direction d'une demi-douzaine de batteurs de pavés et coureurs de buvettes, tout dévoués au maire et recevant une haute paye.

Nous n'entrerons pas dans l'énumération des actes vexatoires, arbitraires, ridicules ou portant atteinte, soit auxdroits des citoyens,soit aux intérêts de la ville, que l'administration Devins et son conseil municipal ont perpétré pendant ces quatre dernières années; nous nous bornerons à en citer deux dont le dernier surtout est un comble.

Les gardes-champêtres dont les intéressés étaient satisfaits, avaient eu le malheur, comme les gendarmes, d'apprécier à sa juste valeur, le commissaire de police Martin, qui non seulement faisait mal son service, mais encore se livrait à des excès scandaleux de boisson, et était ouvertement accusé d'augmenter, étant aussi besoigneux que cupide, son traitement, par des moyens peu avouables.

Les gardes-champêtres et les gendarmes furent dénoncés à leurs supérieurs par des rapports de ce policier, qui était protégé par le maire, le sous-préfet et le procureur de la République. Ces rapports furent reconnus faux; les deux gardes-champêtres n'en furent pas moins détournés de leurs fonctions,pour faire à tour de rôle, le métier d'agent de police en ville, sous les ordres du commissaire.

Ce dernier, voulant punir l'un d'eux, d'avoir gagné le procès à lui intenté par un conseiller mumunicipal, qui se prétendait diffamé parce qu'à l'occasion d'un vol d'échalas, on avait parlé de lui, le dénonça au maire comme coupable de négligence dans son service. Le maire, sur ce rapport accepté de confiance, s'il n'avait pas été dicté par lui, le suspendit pendant un mois, avec suppression de traitement bien entendu. C'était son droit; mais tournant la loi, le d[r] Rodin a, pendant six mois, sur des rapports de la même farine, suspendu pour un mois, à dater du jour où finissait la durée de la suspension, le malheureux garde-champêtre dont l'appel à l'autorité supérieure n'a pas été écouté.

C'était cependant la révocation d'un garde-champêtre, que prononçait ainsi jésuitiquement, sans droit, un petit maire d'une petite ville; et d'après la loi, c'est le préfet seul qui a le droit de révoquer les gardes de la propriété.

Cette scie a enfin cessé par l'arrivée d'un sous-préfet, que devait bientôt rejoindre un nouveau commissaire de police. La municipalité et le conseil municipal, se voyant de plus en plus dans l'impossibilité de toucher à l'assiette au beurre, ont mis les pieds dans le plat. Ils ont supprimé le commissaire de police et les gardes-champêtres, non pas en les suspendant ou les révoquant, cela ne leur était pas permis, mais en rayant d'un trait de plume, dans le budget de 1894, leur traitement.

Depuis cent ans environ, Brioude avait possédé un commissaire de police et des gardes-champêtres, qui dans une commune de 5,000 habitants, dont le territoire étendu est couvert de champs, de vignes, de prairies, veillaient au maintien de l'ordre, de la salubrité publique, dans la ville, mettaient dans la campagne, la propriété privée à l'abri des maraudeurs et des herbivores dont le nombre ne fait qu'augmenter.

Ces mesures ont été prises, non pas parce que la caisse municipale était vide, car ce sont des économies de bouts de chandelle. Le commissaire de police dont le traitement est de 1,800 francs, devra être remplacé par deux mauvais agents qui coûteront 1,400 francs, et ne pourront pas verbaliser hors la ville. Le traitement des gardes, s'il est supprimé en dépenses, le sera aussi en recettes, puisqu'il est crédité au budget, par des centimes spéciaux qui devront être supprimés.

Profitant de la disposition de loi qui impose aux seules villes au-dessus de 5,000 habitants, un commissaire de police, et permet, à toutes les communes de se passer de gardes-champêtres, en ne votant pas des centimes additionnels, nos anarchistes ont voulu se débarrasser d'un commissaire de police et de gardes-champêtres, qui n'étant pas à la dévotion absolue du maire et de ses conseillers municipaux, faisaient leur devoir en conscience, ne dressant pas des procès-verbaux contre les *poules* seules du voisin, et ne se laissant pas graisser la patte par les protégés de l'administration pris en flagrant délit d'ivrognerie, de maraudage ou de tapage nocturne.

Les conséquences de l'absence de toute police urbaine et rurale ne tarderont pas à se faire sentir, et l'on dira à Jacques Bonhomme, qui s'est donné des verges pour se faire battre : tu l'as voulu, Georges Dandin.

OUVRAGES DU MÊME AUTEUR

EN VENTE

A LA LIBRAIRIE CHOUVET

LES PROSCRITS EN BELGIQUE,	2 vol.
IMPRESSIONS D'EXIL A GENÈVE,	1 —
HISTOIRE DE L'ANCIEN RÉGIME,	1 —
NOTICES HISTORIQUES SUR LA VILLE DE BRIOUDE	4 —

Brochures publiées sans le nom de l'auteur

PHYSIOLOGIE DE LA BERGÈRE.

PHYSIOLOGIE DE LA BÉATE.

RÉPONSE D'UN VIEUX DÉMOCRATE RÉPUBLICAIN A UN JEUNE DÉMOCRATE NAPOLÉONIEN.

LES TABLETTES DU SIRE DE MONTPAYROUX.

GUERRE POUR GUERRE.

www.ingramcontent.com/pod-product-compliance
Ingram Content Group UK Ltd.
Pitfield, Milton Keynes, MK11 3LW, UK
UKHW020604180726
13838UKWH00001B/411

9 782329 353616